최고의 교사는 가장 많은 지식을 가진 사람이 아니다.
그는 학생들이 배울 수 있는 능력을 가지고 있다는 사실을 믿도록 만드는 것이다.

노만 코지슨

교육의 비결은 학생들을 존중하는 데 있다.

에머슨

교육이란 알지 못하는 바를 알도록 가르치는 것을 의미하는 것이 아니라,
교육은 사람들이 행동하지 않을 때, 행동하도록 가르치는 것을 의미한다.

마크 트웨인

교육의 숭고한 목적은 분별의 능력을 증대시키는 것이다.
이는 악한 것에서 좋은 것을 가짜에서 진실을 가려내어 이를 추구하게 하는 것이다.

사무엘 존슨

Z세대를 위한

학습자중심교육

 진짜

공부를 하다

Z세대를 위한

학습자중심교육 진짜 공부를 하다

펴낸날 2019년 5월 10일 1판 1쇄

지은이 박희진, 장영수, 김정미, 최재원, 정동완
펴낸이 김영선
교정·교열 이교숙
경영지원 최은정
디자인 현애정
삽화 김한결
마케팅 신용천

펴낸곳 (주)다빈치하우스-미디어숲
주소 경기도 고양시 일산서구 고양대로632번길 60, 207호
전화 (02)323-7234
팩스 (02)323-0253
홈페이지 www.mfbook.co.kr
이메일 dhhard@naver.com (원고투고)
출판등록번호 제2-2767호

값 16,800원
ISBN 979-11-5874-048-1

이 도서의 국립중앙도서관 출판예정도서목록(CIP)은 서지정보유통지원시스템 홈페이지(http://seoji.nl.go.kr)와
국가자료공동목록시스템(http://www.nl.go.kr/kolisnet)에서
이용하실 수 있습니다.(CIP제어번호: CIP2019010549)

Z세대를 위한

학습자중심교육
진짜
공부를 하다

박희진 I 장영수 I 김정미 I 최재원 I 정동완

미디어숲

추천사

무엇보다도 '학습자중심교육'과 관련한 새로운 도서가 발간되었다는 점에서 같은 관심 영역을 공유하고 있는 한 사람으로서 매우 기쁘고 뜻깊은 일이라 생각한다. 특히 학습자중심교육에 대한 올바른 기본 이해와 함께 학교 현장에서 진정한 학습자의 배움이 이뤄질 수 있도록 보다 효과적인 풍부한 워크시트를 제공한다는 점에서 더욱 그렇다.

과거 전통적인 교육으로 비춰진 획일적인 주입식 교육으로는 학생 개인의 다양한 능력의 발현과 요구를 충족시키는 데에 한계가 있으며, 우리가 현재 겪고 있는 급변하는 세계 환경에 대처할 수 없다는 지적은 최근의 문제의식은 아니다. 사실 그러한 면에서 학습자중심교육에 대한 관심과 연구는 일시적인 유행이나 경향도 아니며 최근에만 이슈가 되는 주제도 아니다. 교육에 대한 사회 변화의 요구에 부응한다는 점에서 보면, 그 변화의 중심에는 항상 학습자가 있었으며, 학습자중심교육은 항상 학교 교육에 대한 본질론의 논의 선상에 있었다.

이는 우리나라의 경우도 예외는 아니다. 교육성과의 양보다는 교육과정의 질에 대한 관심이 높아지면서 학습자중심교육에 대한 교사들의 고민과 실제적인 연구가 학교 현장에서부터 일어나기 시작했으며, 수업 변화를 통한 학교 혁신의 운동은 자연스럽게 학습자중심(혹은 배움중심) 교육에 대한 관심과 실천으로 확대되어 왔다. 그러나 학습자중심교육에 대한 그릇된 인식이나 오해가 역시 있으며, 학습자중심교육의 취지와 중요성에 대한 공감과 달리 어떻게 적용하고 실천할 것인가에 대한 현실적 어려움 역시 있어 왔다. 바로 이러한 오해와 어려움이 학교 현장에 여전히 있다는 점에서,

'Z세대를 위한 학습자중심교육, 진짜 공부를 하다'라는 책의 발간이 매우 기쁘고 뜻 깊은 일이라는 것이다.

이 책은 현장 교사의 실천적 경험과 연구를 바탕으로 어떻게 하면 학생의 학습의 질을 극대화할 것인가 고민한 끝에 나온 생생한 결과물이라 할 수 있다. 특히 학교 현장에서 바로 사용 가능한 다양한 워크시트를 제공한다는 점에서 학습자중심교육을 어떻게 적용할 것인가에 대한 많은 교사들의 고민을 해결해 줄 뿐 아니라, 학습자중심교육의 이론적 기초를 통해 탄탄히 뒷받침하고 있다는 깊은 인상을 받게 해준다.

이 책을 통하여 학교 현장에서 '좋은 교육, 좋은 수업'을 실천하고자 하는 선생님들과 자녀 교육에 관심이 많은 학부모들에게 적극적으로 추천한다.

권동택, 한국교원대학교 교수

"흔히 하는 착각 중에 하나는 학습자중심교육을 위해서 새로운 교수법을 연구하여 적용해야 한다는 생각이다. 학습자중심교육은 단지 하나의 교수법이 아니라 교사의 교육철학이라고 할 수 있다." 저자는 이 책에서 학습자중심교육을 강조하고 있다. 학습자중심교육은 단순히 교수방법에 대한 적용으로 이해하는 차원을 넘어서 우리 교육활동에서 발생할 수 있는 교사와 학생의 역할과 학습과정을 입체적으로 적용해야 하고 철학적 관점으로 접근해야 한다는 것을 강조하고 있다. 그런 측면에서 이 책은 교사가 학습자중심교육에 대한 개념을 정리하고 학습자 파악을 위한 다양한 조사도구와 교수학습 과정에서 참고가 될 만한 자료를 친절하게 제공하고 있다. 이 책을 통해서 수업 현장에서 적용 가능한 수업 설계를 수립하고 학생들과 학습자중심교육을 실천하기를 바란다.

조동헌, 교육부 중앙교육연수원 교수

시대의 변화는 더 이상 언급이 필요 없을 정도로 변화 자체가 일상이 되어 가고 있다. 그 중에서도 가르치는 현장에서는 배우는 학생들과 가르치는 교사들과의 괴리가 상당한 것으로 보인다. 이 책은 그런 학생들을 이해하고, 이 시대의 교사·강사·학부모들에게 실질적인 해법을 제시한다. 다양한 연구물을 통한 깊이와 다양한 경험의 넓이가 이 책을 필독서로 지정하는 이유이다.

박남기, 광주교육대학교 교수

학습자중심교육은 교육계에서 오랫동안 다양한 이름으로 회자되어 왔다. 열린교육, 배움중심수업, 학생중심수업, 거꾸로수업 등 시대가 변하면서 새로운 교수법이 소개되었지만, 그 중심에는 언제나 학습자가 있었다. 이 책의 저자들은 지금까지 소개되어 온 학습자중심교육을 종합적인 측면에서 설명하고, 수업에 직접 적용할 수 있는 자료들을 제공하였다. 이 책을 통해 학습자가 교실의 주인공이 되는 학교를 만들어가는 데 도움을 줄 수 있을 것이라 생각한다.

정재철, 전라남도무안교육지원청 교육장

교육 현장의 선생님들은 항상 '좋은 수업'에 대한 성찰적 고민들을 해오고 있다. 이 책은 학교 현장의 실천적 전문가들로 구성된 저자들의 철학적 고민 위에 교육의 중심에 학교 현장이 있으며, 성공적인 학습의 열쇠는 학생에게 있다는 교육 생태계의 기본적 토양을 일깨우며 충실하고도 섬세하게 담아내고 있다. '학습자중심교육'을 통해 진정한 학교 현장의 변화와 혁신을 견인하여 교육 나침반의 역할을 하리라 확신한다. 선생님들뿐만 아니라 '좋은 교육'에 동참하는 학부모와 교육 지도자들에게도 추천하는 바이다.

최태호, 한국교원대학교 종합교육연수원 교육연구사

인간=학습자와 대면하고 그들의 존재에 대한 물음을 던지는 것이 수업의 시작이다. 당연한 것 같지만 너무도 많은 교사들이 그 물음 앞에서 나태하다. 이 책은 '학습자중심수업'이라는 오랜 화두를 치열하게 연구하고 실용적으로 제시하고 있다. 수업과 함께하는 교사의 삶이 무엇인지 보여주고 있다.

장성모, 전라남도해남교육지원청 교육장

교사가 일방적으로 지식을 전달하며 가르치는 시대는 끝났다. 세상의 변화는 빠르지만 교실의 변화는 더디고 느리다. 이 간극에서 미래를 살아갈 아이들은 과거의 틀에 간힌 학교와 교사를 거부할 수밖에 없다. 아이들은 스스로 즐겁게 배울 수 있는 힘이 있다. 그 힘을 믿는 이 책의 저자들은 결국 학습자를 교육의 중심에 두는 학습자중심의 원리를 통해 '좋은 수업'을 만들어낼 수 있다는 것을 실천으로 보여준다. 이 책은 교사가 학생들을 스스로 '좋은 학습자'가 되도록 이끄는 다양한 '비법'을 안내하고 있다. 교실에서 잠자는 아이들을 다시 깨우고 싶은 교사들은 이 책을 바탕으로 자신의 생각을 또 한 걸음 한 걸음 더 보탤 수 있을 것이다.

여태전, 남해상주중학교 교장

이미 뇌과학, 심리학에 비춘 다양한 학습법 등 학습에 대한 여러 저서들이 있다. 하지만 내가 가르치고 있는 아이들에게 어떻게 적용하고 응용해야 하는지 고민이 따른 것이 사실이다. 이 책은 실제 아이들과 생활하며 연구한 선생님들이 4차 산업혁명 시대를 살아갈 아이들을 위한 생생한 교육 지침서라는 생각이 든다. 다양한 교육 정책과 교육법 등을 어렵지 않게 설명하며, 현장에서 바로 적용해볼 만한 많은 팁과 소재들로 현직교사들에게 필요한 훌륭한 학습법 안내서가 될 것이다.

김정미, 한국교원단체총연합회 부회장, 매안초 교사

4차 산업혁명을 맞이하여 미래교육에 대한 관심이 뜨겁다. 대부분 선진국에서는 미래시대를 대비하기 위해 전부터 핵심역량 교육에 몰두하고 있다. 핵심역량 교육의 키워드는 '학습자중심교육'이다. 그러나 한국교육은 학습자중심교육에 대한 열망은 많지만 구호만 무성하고 요즘은 오히려 퇴보하는 현상이다. 드라마 *SKY 캐슬*이 인기를 타면서 고액의 사교육은 더 늘어나고 교실을 경쟁의 장소로 만들고 있다. 이처럼 교육이 방향을 잃고 혼란한 시점에서 이 책은 단비와 같아서 교육을 살리는 역할을 할 것으로 기대한다. 또한 이 책은 학습자중심교육을 교사나 학부모가 쉽고 부담 없이 실천할 수 있도록 체계적으로 정리가 되어있다. 학습자중심교육을 수업에서 적용하고 싶은 선생님과 가정에서 진짜 공부를 진행하고 싶은 부모들에게 이 책을 적극 추천한다.

권순현, 역량교육디자인연구소장

역사가 시작되면서부터 항상 교육의 문제는 존재했다. 교사는 누구나 수업을 잘 하고 싶어 한다. 그리고 모든 학생이 좋은 학습자가 되길 원한다. 이 책은 그동안 학습자중심의 교육을 하고자 갈망했던 교사 또는 학부모들에게 단비 같은 자료가 될 것으로 확신한다.

오진연, 쿨메신저 대표

'알차다!' 책을 덮고 나서 가장 먼저 든 생각이다. 이 책의 주제는 교육계에서 흔히 회자되는 학습자중심교육. 처음엔 익숙한 재료로 얼마나 색다른 요리를 완성할 수 있을까 싶었다. 그런데 막상 뚜껑을 열어보니 '괜한 걱정을 했다'는 생각이 들었다. 그간 만날 수 없었던 현실적이고 깊이감 있는 조언들이 가득했다. 수업에 바로 적용할 수 있는 활동지와 평가지도 돋보였다. 그야말로 '한 번 보고 말 책'이 아니라 '두고두고 꺼내 볼 책'이었다. 예비교사들에게는 학습자중심교육에 도전하려는 욕구를 불러일으키고, 현직교사들에게는 훌륭한 교육 나침반이 돼 줄 것이라 믿는다.

하지수, 조선일보 교육섹션 조선에듀 기자

책을 다 읽은 순간 책을 읽었다기보다는 학습자중심교육에 관한 원격연수를 들은 느낌이 들었다. 그만큼 지루하지 않고 편안하게 집중해서 읽을 수 있었다는 뜻이다. 읽자마자 당장 적용해보고 싶은 충동이 생기는 그런 책. 구성면에서도 내용면에서도 얼마나 많은 고민을 통해서 집필을 했는지 느낄 수 있었다. 책의 구성 면에서 살펴보면, 학습자중심교육에 대한 교육철학적 방향을 제시해 준 점, 교사가 바로 사용가능한 워크시트를 제공한 점이 가장 마음에 들었다. 또한 멘토-멘티 교사의 대화와 같은 실제 수업 상황을 제시함으로써 '맞아, 나도 이런 생각을 많이 했었는데 나만 이런 고민을 하고 있는 건 아니구나,' 하는 일종의 안도감과 공감으로 친숙하게 다가왔다.

박민정, 서울중현초 교사

들어가는 말

'교육은 한 사회의 수준과 가치관을 반영하는 거울'이라는 말이 있습니다. 과거 학력 중심의 사회에서 학교는 지식을 전달하고 전수받는 곳이었으며, 교육은 주입식, 암기식으로 이루어졌습니다. 이러한 사회적 분위기에서 교육의 주체는 당연히 교사로 인식되었습니다. 그러나 사회가 발전함에 따라 그 수준과 가치관 또한 변화하였고, 학교의 역할과 교육의 방식, 교육의 주체에 대한 인식에도 변혁이 일어나게 되었습니다. 학교는 지식을 전달하는 곳에서 소통과 공유의 장으로, 교육은 일방적인 전달에서 양방향적 소통으로, 교육의 주체는 교사에서 학습자로 변화가 이루어진 것입니다.

제4차 산업혁명의 물결에 따라 등장한 인공지능, 빅 데이터, 클라우드, 사물인터넷(Internet of Things: IoT) 등의 기술은 교육 분야에서 새로운 접근법을 요구합니다. 기존의 교육이 지식을 전달하는 방식이었다면 이제는 미래 사회를 살아갈 학생들에게 필요한 핵심 역량을 키우는 교육이 요구됩니다. 흔히 핀란드가 이러한 변화를 빠르게 받아들여 교육을 성공리에 정착시켰다고 알려져 있습니다. 핀란드 교육은 공부하기 싫어하는 아이에게 억지로 강요하지 않고 다양한 방법을 동원해서 학생의 흥미를 유발시키며, 스스로 할 마음이 생길 때까지 기다리는 것을 원칙으로 합니다. 우리나라 교육에서도 7차 교육과정 이후로 학습자를 중심에 둔 교육에 대한 관심이 높아졌습니다. 하지만 7차 교육과정에서 학습자중심교육의 도입은 체계적인 준비가 부족한 상태에서 이루어졌고, '학습자중심교육'이라는 새로운 패러다임은 현장에서 이를 직접 적용해야 하는 학교와 교사들에게 많은 혼란을 야기했습니다.

이렇듯 학습자중심교육은 우리와 오랫동안 공존해왔습니다. 그러나 아직까지 학교 현장에서는 이에 대한 이론 및 실천적 연구가 충분치 않아 실제적으로 참고할 만한 자료가 부족한 실정입니다. 학습자중심교육이라는 용어는 낯설 수 있지만 우리가 이미 알고 실천하고 있는 것으로 학습자의 배움을 수업, 즉 학습의 중심에 놓고자 하는 교육 활동입니다. '거꾸로 수업, 하브루타, 프로젝트 수업, 비주얼 씽킹' 등의 다양한 교수법에 대한 연구가 교사를 중심으로 이루어지고 있고, 학습자중심의 좋은 수업을 실천하기 위한 교사들의 도전과 반성 또한 꾸준히 이어지고 있습니다. 또한 학습자중심교육에 대해 흔히 하는 착각 중 하나는 학습자중심교육이 새로운 교수법을 연구하여 적용하는 것으로 생각한다는 것입니다. 하지만 학습자중심교육은 단지 하나의 교수법이 아닙니다. 따라서 학습자중심교육의 실천을 위해서 어느 하나의 특정한 지침을 내리기는 쉽지 않습니다. 그럼에도 불구하고 학생의 배움에 최적화된 유기적 전략은 있습니다.

> 우리는 어떤 상인이 상품을 하나도 팔지 못했으면서 많이 팔았다고 말하면 그 상인을 조롱합니다. 그런데 학생이 학습한 것과는 관계없이 하루의 교수를 잘 해냈다고 생각하는 교사들도 있을 수 있습니다. 교수와 학습 간의 관계는 물건을 사고파는 관계와 같습니다. _존 듀이John Dewey

이 책의 저자들은 모두 현직 교사이자, 연구자로서 학교 현장의 실천적 지식과 이론적 지식을 함께 이끌고자 하는 교육 전문가들입니다. 저자들은 이 책을 통해 학습자중심교육이 무엇인지부터 시작해 어떻게 하면 학습자중심교육을 할 수 있을지, 또 좋은 학습자를 만들 수 있을지에 대한 이론적, 실천적 자료 제공을 통해 이론과 실제를 유기적으로 연결하여 안내하고자 하였습니다. 따라서 크게 두 가지에 초점을 두었습니다.

첫째, 학습자중심교육에 대한 교육철학적 방향을 제시하고자 합니다. 아무리 수업을 잘하는 실천력이 뛰어난 교사라고 할지라도 이론적으로 그 실천력을 뒷받침하지 않으면 자신의 수업에 대해 확신을 가지고 이야기할 수 없습니다. 따라서 이론적 배경을 통해 학습자중심교육에 대해 이야기하고자 합니다.

둘째, 즉시 사용 가능한 워크시트를 제공하고자 합니다. 교사의 고민은 이론적으로 좋은 내용을 어떻게 실제 교실 상황에서 학생에게 적용할 것인가의 문제로 귀결됩니다. 따라서 이 책에서는 학습자중심교육에 대한 이론적 배경과 학교 현장 및 가정에서 바로 사용 가능한 워크시트를 통하여 이론과 실제가 함께 녹아들어 학생의 배움을 최적화하는 유기적 전략을 제공하고자 합니다.

교사(교수자)는 수업을 잘하고 싶어 합니다. 그리고 수업을 잘하기 위해서 항상 고민하고 연구합니다. 하지만 자신의 수업을 남에게 공개하기 어려워하며, 자신이 수업을 잘하고 있는지에 대한 확실한 믿음이 부족합니다. 그럼에도 불구하고 학생을 좋은 학습자로 키워내고 싶은 마음만은 간절합니다. 교사(교수자) 및 예비교사, 그리고 학부모가 이 책을 통해 그들과 만나는 학생 및 자녀를 좋은 학습자로 만드는 데 작은 도움이 되길 희망합니다.

저자 대표 박희진

차 례

—

Part 1

학습자중심교육에 대한
이해와 오해

Part 2

좋은학습자를 만들기 위한
6가지 비법

Part 3

나는 학습자중심교육을 잘 하고 있을까?
[점검도구]

Part 1

학습자중심교육에 대한
이해와 오해

학교교육에서 가장 중요한 것은 무엇일까?

과거에서 현재까지, 그리고 앞으로 펼쳐질 미래의 학교교육에서 학생, 즉 학습자를 빼놓고 이야기할 수 있을까? 교사가 없는 학교의 모습은 상상할 수 있더라도 학습자가 없는 학교의 모습은 상상할 수가 없다. 앞으로 교육에서 학습자는 가장 중심에 놓이게 될 것이다.

scene1 과거 교실의 모습

과거의 교실은 많은 학생이 같은 시간에 같은 장소에서 같은 내용의 수업을 받는 게 당연한 일이었다.

scene2 현재 교실의 모습

첨단 멀티미디어 환경이 갖추어졌음에도 불구하고 여전히 현재의 교실은 과거 교실 수업의 모습을 벗어나지 못하고 있다.

scene3 미래에 아이들이 공부하는 모습

 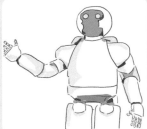 

미래의 교육은 어떻게 변할까? 로봇이 교사를 대체하게 될까? 어쩌면 현재와 같은 학교는 없어질 수도 있다. 논란의 여지가 있지만 여전히 학습자는 교실의 주인일 것이다.

요즘 아이들은 누구일까?

    요즘 아이들이 무엇을 좋아하는지, 그리고 어떠한 것에 관심이 있는지 살펴보면 과거와 달리 그 모습이 많이 변했음을 알 수 있다. 현대의 디지털 네이티브, Z세대 아이들은 SNS_{Social Network Services/Sites}를 통해 자신의 일상을 항상 공유하고 싶어 하는 아이들이다. 이러한 아이들에 대해 이해하는 것은 학습자중심교육을 위한 첫발을 내딛는 것이다.

문자매체인 책보다 영상매체인 유튜브에 익숙한 아이들

전화나 손글씨보다는 카톡, 페메(페이스북 메세지), 디엠(DM: 다이렉트 메세지)과 같은 메신저가 편한 아이들

친구들과 밖에서 뛰어놀지 않고 집에서 스마트기기로 온라인친구를 만나는 게 익숙한 아이들

시간과 장소를 가리지 않고 스마트기기를 이용해 필요한 것을 검색하거나 해결하는 아이들

〈참조: 박희진 외(2019). 디지털 노마드 세대를 위한 미래교육 미래학교.〉

교실은 어떤 모습일까? 교실 상황은 복잡하다.

교실은 다양한 경험, 성격을 가진 학생들로 가득하다. 그동안의 학교교육은 교사 위주의 설명식 수업이 대부분이었다. 이러한 교실 현장에서는 학생들이 배움 자체를 즐기며 자신의 꿈과 끼를 마음껏 펼치기가 어려웠다. 또한 교실의 상황은 카오스와 같이 복잡함을 특징으로 하고 있지만, 보이지 않는 질서와 원리가 있다. 교실에서 가르침과 배움의 경계를 허물어 학생이 주체가 되는 생기 넘치는 수업을 위해서는 교사의 역할을 복잡하게 만드는 요소들을 이해할 필요가 있다. 도일Doyle(1986)은 교사의 역할을 복잡하게 만드는 수업의 성격을 여섯 가지로 설명하고 있다.

첫째, 수업은 다차원성Multidimensionality의 성격을 가진다.
수업 시 교사는 돌발적 상황에 대응해야 하기 때문에 아동이 갖고 있는 다양한 배경, 동기, 필요, 능력, 학습양식 등을 적절히 고려하며 수업활동을 계획하고 수업에 반영해야 한다.

둘째, 수업은 동시성Simultaneity의 성격을 가진다.
수업활동은 단계적으로 일어나는 것이 아니라 동시에 이루어지기 때문에 여러 가지 교육적 활동이나 문제 사태에 대하여 동시에 처리할 수 있는 능력이 요구된다.

셋째, 수업은 즉시성Immediacy의 성격을 가진다.
교실 수업에서의 여러 문제나 활동은 대개 아동들과의 상호작용을 통하여 바로 지금 교실에서 해결해야 할 것들이 많다. 따라서 교사는 교실 수업의 문제 사태에 따라 즉각적으로 변경할 수 있어야 하며, 경우에 따라서는 바로 취소할 수 있는 융통성이 필요하다.

넷째, 수업은 비예측성Unpredictability의 성격을 가진다.

교사의 수업은 예측 가능한 일련의 과정으로 진행되는 것이 아니라, 아동의 행동 변화와 학습과정에 따라 맞춰가야 한다. 따라서 교사는 수업의 과정을 보다 예측 가능한 수준으로 이끌어낼 수 있도록 많은 수업의 경험이 필요하다.

다섯째, 수업은 공개성Publicness의 성격을 가진다.

수업 시 교사의 모든 행동은 학생들에게 관찰 대상이 된다. 따라서 수업 상황이 아니더라도 교실에서 교사는 아동들에게 직·간접적으로 영향을 줄 수 있기 때문에 자신의 행동 하나 하나에 대한 세심한 주의가 필요하다.

마지막으로, 역사성History의 성격을 가진다.

교사와 학생이 상호작용하며 보내는 수업활동은 교사와 아동들의 경험이 축적되어 하나의 교실 문화가 된다. 따라서 교사는 보다 긍정적인 학급 문화를 만들어 간다는 관점에서 보다 적극적으로 수업에 임해야 한다.

학습자중심교육에 대한 오해

학습자중심교육 = 새로운 교수법?

학습자중심교육은 최근에 새롭게 등장한 교수법이나 이론이 아니다. 비록 그 용어는 익숙하지 않더라도 학습자의 배움을 수업의 중심에 놓고자 하는 교육활동이다.

흔히 하는 착각 중에 하나는 학습자중심교육을 위해서 새로운 교수법을 연구하여 적용해야 한다는 생각이다. 학습자중심교육은 단지 하나의 교수법이 아니라 교사의 교육철학이라고 할 수 있다.

흔히 철학은 딱딱한 것으로 생각된다. 특히 교사들은 교육철학이라고 하면 이론적이고 사변적이라 생각하여 실제 현장의 모습과 괴리된 것으로 생각하곤 한다. 하지만 교사의 교육 행위에 당위성을 부여하기 위해서 교사는 자신만의 교육철학을 갖고 행동하는 것은 매우 중요하다. 교사가 자신만의 교육철학을 가지고 있을 때 교사가 하는 모든 교육 행위는 강력한 힘을 발휘한다.

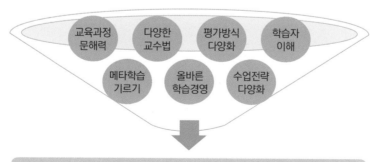

학습자중심교육이란 무엇인가?

학습자중심교육은 기존의 '전통적 수업'이 갖는 장점을 수용하되 교사의 역할을 소극적으로 규정하지 않는다. 그동안 교사의 입장에서 '어떻게 하면 잘 가르칠 수 있을 것인가?'라는 교사의 가르침에 초점을 맞췄다면, 이제 '어떻게 하면 학생의 학습이 잘 일어날 수 있게 할 것인가?'라는 학생의 배움으로 초점이 이동했다고 할 수 있다.

따라서 학습자중심교육을 위해 추구해야 하는 방향은 다음과 같다.

첫째, 수업은 학습자에 대한 이해를 바탕으로 이루어져야 한다.

둘째, 교사는 학습자 개개인의 학습동기를 고려해야 한다.

셋째, 교사는 학습자의 학습을 촉진할 수 있는 학습 환경을 조성해야 한다.

이와 같이 수업은 학습자를 고려한 교수·학습 과정이 되어야 하며, 학습자중심교육은 학습자의 개인차에 따라 교사의 행위가 달라져야 함을 암묵적으로 제시하고 있다. 그리고 교사가 학습자중심교육을 실현하기 위해서 수업은 학습자의 학년별 발달 과정에 따라 완전히 다른 형태가 되어야 함을 인지해야 한다. 특히 초등학교에서는 나이가 어린 저학년일수록 수업은 교과를 중심에 두는 보편적인 수업 형태가 아닌 학습자 발달 단계를 고려한 수업을 해야 한다.

학습자중심교육에서는 학생들이 수업에서 주체가 되지 않으면 배움이 일어나지 않는다. 학생들은 상호 협력의 과정을 통해 생각을 공유하고, 표현하고 비판적으로 사고하면서 수업 내용을 자기의 것으로 만들어야 한다. 이에 교사는 교사와 학생 사이의 의사소통뿐만 아니라 학생과 학생 사이에서도 의사소통을 적극적으로 할 수 있도록 조력자의 역할을 포함한 롤모델, 협상가 등과 같은 다양한 역할이 요구된다. 그리고 교사와 학습자 사이의 상호 신뢰를 바탕으로 교실에서의 비언어적 의사소통의 중요성에 대한 인식, 교실 상황에 따라 요구되는 역할을 유연하게 조정할 수 있도록 해야 한다.

학습자중심교육을 위해서 이제는 바뀌어야 한다!

첫째, 교사의 역할 변화가 요구된다.

기존 교사의 역할은 학생들에게 끊임없이 지식을 전달하는 것이었다. 그리고 해야 할 것과 하지 말아야 할 것을 지속적으로 이야기하는 역할이었다. 하지만 학습자중심교육에서는 교사는 지식의 전달자에서 학생들 스스로 지식을 획득할 수 있도록 하는 촉진자, 조력자 역할을 해야 할 것이다.

둘째, 학습에서 교사와 학생의 힘의 균형을 맞춰야 한다.

전통적인 교실 상황에서는 교사는 학생의 학습과정을 통제하고 교사의 입장에서 규정지었다. 이러한 상황에서 학생의 선택권은 학습을 할지 말지 밖에 없었다. 하지만 학습자중심교육에서는 학생에게 학습과정에 대해서 선택권 및 책임을 줘야 한다. 그래서 학습자의 자율성, 자기주도성, 자기 조절성을 기를 수 있게 해야 한다.

셋째, 학습 내용의 기능 변화가 요구된다.

현재의 학습 내용은 교사들이 가르쳐야 할 내용이 많다. 그리고 학생들에게 친숙하지 않고 새로운 내용이기 때문에 학습이 효과적으로 이루어지지 않는다. 따라서 교사는 이러한 학습 내용을 다 가르칠 것이 아니라, 학습 내용을 통해서 학습할 수 있는 방법을 학생들에게 알려줘야 한다. 즉 학습을 하는 방법에 대한 명시적 교수법이 요구된다고 할 수 있겠다. 결국 이를 통해 학생의 깊이 있고, 지속되는 학습을 장려할 수 있다.

넷째, 학생들에게 학습에 대한 책임을 지게 해야 한다.

전통적인 교실에서는 교사와 학생이 시험 점수나 평가와 같은 외부 동기에 영향을 많이 받아서 진정한 학습이 이루어지지 않았다. 학생들은 개개인마다 학습에 대해서 다르게 배운다. 따라서 학생들에게 학습에 대한 결정을 할 수 있게 하고 학습 결과에 책임을 질 수 있게 하는 것이 필요하다.

다섯째, 진정한 평가에 대한 목적과 과정을 생각해야 한다.

교사는 평가를 통해서 학생들의 학습이 완전히 일어났는지 알아볼 것이다. 학습자중심교육에서 학생들이 산출물을 만들어 내거나 그들이 알고 있는 지식을 보여 줄 때, 즉 평가를 할 때 교사의 역할은 학생의 학습 잠재력을 최대한으로 끌어 올리는 것이다. 하지만 전통적 수업에서는 학생들이 이러한 것을 보여 줄 수 있는 다양한 평가 방법의 부재로 인해 수행을 충분히 보여줄 수가 없었다. 따라서 평가의 목적과 과정이 학생들의 진정한 학습 결과를 평가할 수 있도록 바뀌어야 한다.

〈참조: Weimer(2013). Learner-centered teaching: Five key changes to practice.〉

학습자중심교육 이렇게 해보자!

첫째, 교사의 역할 변화를 위해서

· 학생이 학습 과제에 더욱 몰두할 수 있도록 하기
· 학생들이 많은 발견을 할 수 있도록 교사는 최대한 말을 적게 하기
· 학생의 참여와 동기를 자극하는 주의 깊은 수업설계 하기

· 학생 상호 간에 배우도록 격려 및 학습을 촉진할 긍정적인 분위기 창조하기
· 학습을 증진할 평가방법 활용하기

둘째, 학습에서 교사와 학생의 힘의 균형을 맞추기 위해서
· 학생들에게 수업 활동 설계 참여 및 수업 참여 방법을 설정하게 하기
· 학생들에게 학습과정과 학습량에 대한 선택을 할 수 있게 하기

셋째, 학습 내용의 기능 변화를 위해서
· 학습할 수 있는 방법(학습 전략) 개발하기
· 보조 자료를 사용하여 할 수 있는 학습 전략 개발하기
· 동료와 함께 학습하는 방법에 대해 배우기

넷째, 학생들에게 학습에 대한 책임을 지게 하기 위해서
· 학습을 위한 학생의 책임을 강조하는 학급 풍토 조성하기
· 학급 풍토 문제에 대해 학생들이 적극적으로 개입하게 하기

다섯째, 진정한 평가에 대한 목적과 과정을 생각해 보기 위해서
· 학습을 장려하기 위해 평가의 목적 이용하기
· 학생의 평가에 대한 스트레스를 낮추기
· 평가결과를 학습에 대한 접근으로 활용하기

교사에게 교육철학이 있다는 것은 자신의 교육 행위에 당위성을 부여하는 의미가 있다. 교사의 교육철학을 알면 교사가 왜 그렇게 교육 행위를 하는지 알 수 있다. 교육학자 존 듀이John Dewey(1916)는 철학이 진지하게 받아들여질 때마다, 그것은 삶의 행위에 영향을 줄 수 있는 지혜를 얻는 것을 의미한다고 하였다. 학생의 최적화된 학습을 위해서 교사는 자신만의 확실한 교육철학을 가지고 수업을 하는 것이 필요하다. 결국 교사의 교육철학이 교육에 영향을 미친다.

「학생에게 무엇을 가르쳐야 하는가? 학생에게 어떻게 가르쳐야 하는가? 학급경영은 어떻게 해야 하는가?」

이러한 질문들은 철학과 무관한 것처럼 보일지 모르나, 질문에 답하기 위해서는 철학적 사고를 필요로 한다. 교사에게 교육철학이 확고히 서 있다면 가치 있다고 생각하는 교육 행위를 타인의 눈치를 보지 않고 꾸준히 실행할 수 있다. 또한 다른 사람이 하는 교육 행위를 자신만의 것으로 만들어 실행할 수 있다. 이렇게 학생, 학부모도 교사의 교육철학이 교육 행위로 이어진다고 믿는다. 실제로 교사마다 교육철학이 다르기 때문에 교사의 교육 행위가 다양한 양상으로 나타난다.

예를 들어 교장은 학교를 경영하고 학생의 교육활동을 지원한다. 학교를 회사나 공장처럼 경영하기도 하고, 교회나 대학교, 축구팀처럼 운영하기도 한다. 교실에서 이루어지는 수업도 마찬가지다. 개별 교사의 교육철학에 따라 학급경영 및 수업양상이 달라진다. 교사는 자신의 관점에 따라 수업계획, 학생과의 상호작용, 학생의 수행에 대한 판단을 한다. 이러한 교육철학은 교육과정 계획, 평가, 교실의 가구 배치 등에도 영향을 미친다.

학습자중심교육을 위해서 개별화 수업이 필요하다

나이가 같은 학생들이라 할지라도 그들의 체격이나 취미, 성격, 좋아하고 싫어하는 것 등에 차이가 있는 것과 같이 학습에 있어서도 차이가 있다. 교실에서는 학생들의 개인차를 이해하는 것이 교수와 학습에서 중요한 요소가 된다. 교사가 학생의 개인차를 이해하고 학생들의 다양한 필요를 보다 잘 수용하기 위해서는 획일화된 수업을 개별화된 수업으로 바꿀 필요가 있다. 개별화 수업은 무질서한 것이 아니다. 개별화가 효과적으로 이루어지는 교실에서는 교사의 철저한 계획하에 학생의 활동과 의사소통이 활발히 이루어진다. 개별화 수업을 하는 교실에서 교사는 다양한 학습자가 각자 다른 흥미와 필요를 가지고 있다고 가정한다. 그리고 학생들이 각자의 속도에 따라 학습에 도달하고 학습한 것을 각자의 표현방식으로 나타낼 수 있도록 한다.

학습자중심교육에서는 학생들이 자신에게 주어진 학습 목표를 자신에게 맞는 학습 속도로 완전히 습득하기를 바란다. 그리고 내용 지식의 습득 결과보다는 학생들의 지식 이해 과정에 초점을 맞춘다. 따라서 학습자중심교육에서는 개별화 수업이 더욱더 요구된다(Tomlinson, 2005).

수업 전 계획과 관련된 준거
준비도(readiness)
흥미(interest)
학습 양식(learning profile)

수업 중, 후와 관련된 준거
학습 내용(content)
학습 과정(process)
학습 결과(product)

개별화 수업은 학습자의
'준비도, 흥미, 학습양식'을 고려해야 한다.

준비도readiness : 수업 상황에 대한 준비로 학생의 사전 지식의 이해와 기능의 수준을 말한다. 일반적으로 학습자는 수업의 내용이 자신의 준비도 수준에 맞거나 또는 맞지 않을 때 수업에서의 행동이 상이하게 나타나기 때문에 준비도를 고려하는 것이 중요하다.

흥미interest : 학습자가 수업 상황을 대하는 호기심 또는 열정을 말한다. 학습자의 흥미를 개별화 수업에서 고려하는 이유는 학교에서 배우는 내용이 자신의 학습 요구와 연계되어 있다는 것을 인식하고, 학습에 대한 동기를 증진시키기 때문이다. 또한 학습자가 흥미를 가지고 있었던 영역에서 이미 습득한 기능이나 아이디어를 학교에서 배우는 덜 친숙한 기능이나 아이디어를 학습하는 가교로써 사용할 수 있도록 해주기 때문이다.

학습양식learning profile : 학습자가 선호하는 학습 방법learning-style을 말한다. 학습양식을 개별화 수업에서 고려하는 이유는 학습자 개개인이 자신에게 가장 잘 기능하는 학습양식을 이해하고, 최적의 학습 상황을 발견하도록 하기 위한 것이다.

학습자중심교육을 위한 개별화 수업을 어떻게 해야 할까?

학습 내용content의 개별화는 학습자의 수준에 적합한 학습 내용을 선정하고, 적절하고 도전적인 과제를 제시해야 하는 것을 말한다. 학생들은 단순히 혼자 힘으로 모든 것을 학습하기 힘들다. 이것을 비고츠키Vygotsky는 근접발달영역The Zone of

Proximal Development: ZPD으로 설명하고 있다. 학생들에게는 남의 도움 없이 혼자서 문제를 해결할 수 있는 능력인 '실제적 발달수준'과 성인의 안내나 보다 능력 있는 또래들과 협동하여 해결할 수 있는 능력인 '잠재적 발달수준'이 존재한다. 이 잠재적 발달수준과 실제적 발달수준 사이를 근접발달영역이라고 하고, 학습은 이 근접발달영역에서 일어난다고 보았다. 따라서 교사는 학습자가 관심 있는 소재를 바탕으로 학습 내용을 제공하거나, 개별적 흥미에 따라 학습 내용을 선택하도록 해야 한다. 또한 학습자가 가장 효율적으로 학습할 수 있도록 학습양식에 따라 학습할 내용을 다르게 해야 한다. 예를 들어 문자 언어, 소리, 그림 등의 내용을 학습자가 선호하는 양식에 따라 선택하도록 해야 한다.

학습의 과정process 또한 학습자의 준비도, 흥미, 학습양식에 따라 개별화할 수 있다. 학습자의 준비도에 따라 학습 과정을 개별화하는 것은 과제의 복잡성을 학생들이 현재 지니고 있는 지식과 기능 수준에 맞추는 것을 말한다. 또한 학생의 흥미와 선호하는 학습양식에 따라 학습하고자 하는 주제에 대해서 학습 방식의 선택권을 줘야 한다.

학습 결과product의 개별화를 위해 교사는 학생의 평가를 기존의 획일적인 평가방식을 다양한 방식의 학습결과물 평가로 대체함으로써 학생의 학습 성취도를 충분히 보여줄 수 있는 기회를 제공해야 한다. 결국 학생들의 학습이 일어났다는 것을 확인하기 위해 교사가 학습자에게 다양한 평가 방법 중 하나를 선택할 수 있는 선택권을 준다면 학습자는 충분히 이해한 내용을 자신만의 방식으로 보여 줄 수 있고, 평가 자체를 수업의 종결의 의미가 아닌 과정의 의미로 받아들일 수 있을 것이다.

학교의 교실을 방문하면 교사는 가르치고(교수) 학생은 배우는(학습) 모습을 보게 된다. 이것은 이론적으로 가르침과 배움은 동전의 양면처럼 동시에 일어난다는 점을 시사한다. 그런데 실제로 교사는 가르쳤는데 학생에게는 배움이 일어나지 않는 경우가 허다하다. 이런 현상을 존 듀이John Dewey(1933)는 교수와 학습과의 관계로 보고, 이를 상인이 물건을 사고파는 관계에 비유해서 진술하고 있다.

> 우리는 어떤 상인이 상품을 하나도 팔지 못했으면서도 많이 팔았다고 말하면 그 상인을 조롱한다. 그런데 학생이 학습한 것과는 관계없이 하루의 교수를 잘 해냈다고 생각하는 교사들도 있을 수 있다. 교수와 학습 간의 관계는 물건을 사고파는 관계와 같다.

교수와 학습의 가장 이상적인 관계는 교수활동과 학습활동이 일치하는 것일 것이다. 교사의 교수활동은 학습의 주체인 학습자를 반드시 전제해야 하지만, 학습은 교수의 주체인 교사를 반드시 전제하는 것은 아니다. 따라서 단순히 학생들의 학업성취 결과가 높게 나왔다는 것만으로 교사의 교수활동이 좋다거나 바람직하다고 판단할 수 없다. 그리고 높은 수준의 학업성취를 보장한다고 하더라도 교사의 교수활동 모두가 바람직한 교수활동이라고 보지 않는다. 왜냐하면 교사의 바람직하지 않은 교수활동으로도 학생들의 학업성취가 높게 나올 수 있기 때문이다. 따라서 교사의 교수활동은 학습자에게 영향을 미칠 수 있는 상황을 전제하고, 사전에 철저히 계획해야 한다. 또한 학습자의 학습이 어떻게 일어나는지 고려하여 교수활동을 수행해야 할 것이다.

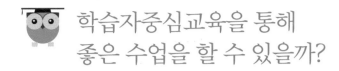

학습자중심교육을 통해
좋은 수업을 할 수 있을까?

교사는 누구나 수업을 잘 하고 싶어 한다. 수업은 구체적인 목표를 달성하고자 하는 활동이자, 교사의 핵심적인 교육 행위이다. 수업은 교실에서 학생들과 상호작용하는 가운데 자연적으로 일어나는 것이 아니라, 사전에 의도적으로 계획되는 것이다. 수업을 성공적으로 이끄는 요인을 단순화하기는 어렵다. 즉 '어떻게 하면 수업을 잘 할 수 있을까', '좋은 수업이란 무엇인가'와 같은 질문은 매우 평범하지만, 이에 대해 명쾌하게 답하기는 쉽지 않다. 그리고 '좋음'이라는 용어가 주는 상대적 의미와 '학교 수업'이라는 특수성 때문에 더욱이 '좋은 수업'을 정의하는 것은 어렵다. 과거의 전통적 수업은 교사중심의 지식전달식 수업으로 권위적이고 경쟁적이며 암기 위주의 수업이었으며, 학생들의 필요나 흥미, 관심은 고려되지 않은 채, 학생들은 수업에서 수동적인 존재였다. 하지만 최근 학습자중심교육으로 교육 패러다임이 변함에 따라 수업에 대한 인식이 달라졌다.

좋은 수업이란 무엇일까?

과거에는 좋은 수업을 효과적인 수업으로 생각했기에 학습자의 학업 성취, 태도, 동기 등에 영향을 미치는 교사의 교수 방법 및 교수 전략을 연구하는 데 중점을 두었다. 브로피Brophy(1999)의 지적처럼 모든 수업 상황에 일괄적으로 적용할 수 있는 유일한 수업 모형은 없고 만병통치약 같은 수업 기법도 없다. 1980년대 이후 구성주의가 등장하면서 좋은 수업에 새로운 논의가 지속되었고, 제멀먼Zemelman(1998)

등은 '좋은 수업'이란 학생들에게 '무엇을', '어떻게' 가르치는가에 중점을 두어, 수업의 결과 학생들은 배운 수업 내용에 대해 진정한 성취를 할 수 있도록 교육적 절차와 기법을 갖춘 수업이라고 정의하였다. 그리고 좋은 수업에서 교사의 역할은 학습자중심적이며, 경험적, 반성적, 실질적, 사회적, 협력적, 민주적, 인지적, 발달적, 구성주의적인 수업을 전개하는 것이다.

포터Porter 와 브로피Brophy(1988)는 좋은 수업을 다음과 같이 설명하고 있다.

· 학습자들이 갖고 있는 오개념을 허용하거나 예상하는 수업이다.
· 학습자들에게 메타인지 전략을 가르치는 수업이다.
· 다양한 수준의 학습 목표를 제시하는 수업이다.
· 다른 교과 영역과의 통합적인 수업이다.
· 평가를 통하여 교사 자신들의 수업 반성이 가능한 수업이다.
· 능동적인 교사의 특성이 나타나는 수업이다.

결국 좋은 수업은 단순화하여 설명할 수 없지만, 학습자를 교육의 중심에 둔 학습자중심교육의 원리를 통해 이루어진다고 할 수 있다. 또한 교사의 역할은 과거의 지식 전달자를 포함하면서 상황에 따라 촉진자, 지원자의 역할을 해야 할 것이다. 학습자의 진정한 학습은 교사의 일방적 전달을 통해서 일어나지 않는다. 그렇다고 해서 학생 스스로 지식을 구성하도록 방치해서도 안 된다. 오히려 과거보다 교사의 철저한 준비를 통해 학생의 진정한 학습이 일어나도록 다방면에서 더 많은 역할이 요구된다고 할 수 있겠다.

그렇다면 좋은 학습자도 있을까?

좋은 학습자를 'Good Learner'라고 한다. 즉 어떠한 것을 잘 학습하고 배우는 사람이다. 좋은 학습자 역시 '좋은'이라는 의미가 주는 모호성 때문에 명확하게 기술하기는 어렵지만, 과거의 전통적 교육에서 요구하는 학습자의 요건과는 다른 양상을 보일 것이다.

학교나 가정에서 교육을 하는 목적은 결국 메타학습 능력 즉 자기주도적 학습능력을 갖춘 좋은 학습자를 만들기 위함이다. 좋은 학습자는 그냥 만들어지지 않으며, 과거처럼 더 이상 수동적인 존재도 아니다.

좋은 학습자란

· 스스로 문제해결을 즐긴다.
· 생존과 관련된 것이 무엇인지 안다.
· 학생 스스로의 판단력에 의존한다.
· 잘못된 것을 두려워하지 않고, 필요할 때 생각을 유연하게 바꿀 수 있다.
· 답을 빨리 찾으려고 하기보다, 생각을 통해 전략을 떠올린다.
· 상황 및 문제에 맞는 유연하고 적응가능한 사고를 한다.
· 현재 자신이 가지고 있는 자료를 최대한 활용하여 문제를 해결한다.
· 직접 탐구를 통해 문제를 해결하는 것에 익숙하다.
· 모든 문제에 대해서 완벽한 해결책을 가질 필요는 없다고 생각한다.
· '나는 모르겠다.'라고 말하는 것에 절대 낙담하지 않는다.

〈참조: Postman & Weingartner(1971). Teaching as a subversive Activity.〉

학습자중심교육의 목표는 무엇일까?

결국 좋은 학습자를 만드는 것이다.

이제 어떻게 하면 학생에게 많은 지식을 알려줄 것인가 하는 교수 효과성 측면의 접근보다, 다소 느리더라도 학생 스스로 학습할 수 있는 힘을 가진 학습자를 만들어야 한다. 학습자중심교육의 목표는 학습자중심교육을 통해 스스로 학습할 수 있는 좋은 학습자를 만드는 것이다.

학습자중심교육이란, 학습자에 대한 이해를 바탕으로,
학습자의 배움을 위해서, 교사의 교육 행위를 수행하는 것이다.

Part 2

좋은학습자를 만들기 위한
6가지 비법

아이들에 대한 새로운 시선

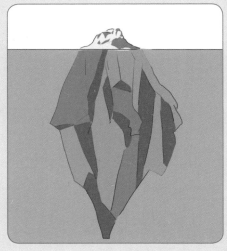

편견과 고정관념에
쉽게 사로잡히는 사람들,
그러나 정말 중요한 것은
눈에 보이지 않는다.

교사의 눈에 비치는 학습자의 모습은
빙산의 일각에 불과하다.
수면 아래의 나머지를 찾아야 한다.

학생 이해에 대한 필요성을
절감하지 못하는 박 교사

scene1

2월의 어느 날, 일 년 동안 함께한 학생들은
졸업을 하게 되었다.

scene2

학생들과의 이별에 슬픔을 느끼는 것도 잠시,
박 교사는 새로운 아이들을
맞이할 준비를 시작한다.

scene3

작년과 같은 학년을 맡은 박 교사, 교육과정
운영에 변화의 필요성을 느끼지 못한다.

scene4

교육과정이 개정되었지만, 변화의 필요성을
느끼지 못하는 박 교사, 이대로도 좋을까?

친숙은 경멸을 낳는다

"박 선생님, 혹시 이 교육과정에서 작년과 비교해서 바뀐 게 뭐야?"

생각지도 못한 김 선배의 말에 "작년에도 그렇게 했었으니까요."라는 말을 반사적으로 내뱉으려 했으나, 질문의 의도가 이런 대답을 의미하는 게 아님을 선배의 날카로운 눈빛이 말해 주고 있었다. 까딱하면 왠지 한 마디 들을 것 같은 기세에 눌려 절로 말문이 막혔다.

사실 지난 3년간 그동안 해왔던 앞선 교사의 학년 교육과정을 바탕으로 학급 교육과정을 수립했다. 물론 공들인 게 없었으니 교육과정을 볼 일은 더욱 없었고, 단지 학년 초와 학기 말의 NEIS 입력을 위한 근거로 삼았을 뿐이다.

"박 선생님, 조금 바꿔서 질문을 해볼게. 왜 작년과 비교해서 올해 바뀐 것이 없을까?"

"음, 개정교육과정을 적용하는 대상도 아니기에 교육내용은 같고, 같은 학교의 아이들이라 배경 환경도 비슷하잖아요."

"그럼, 박 선생님은 학생들이 작년이나 올해도 동일하다고 보고 있는 거야?"

"당연하죠, 선배. 물론 능력의 차이는 있겠지만 특수한 아이들을 제외하고는 일반적으로 비슷하다고 생각해요."

"혹시 이런 말 들어 본적 있어? Familiarity breeds contempt."

"아뇨, 처음 들어봐요. 무슨 뜻인가요?"

"친숙은 경멸을 낳는다,라는 미국 속담이야. 매사가 그렇듯이 어떤 대상에 익숙해지면 그 대상을 처음 만났을 때의 가치보다 익숙해졌을 때의 가치가 현저히 낮아진다고 할 수 있지. 대상은 변하지 않았음에도 불구하고 말이야."

"그렇다면, 지금 선배의 말은 제가 몇 년간의 교직경험을 통해 학생들에 대해서 충분히 이해하고 있다고 스스로 믿고 있고, 따라서 은연중에 학생들에 대한 가치를 낮게 평가하고 있다, 그런 말씀인가요?"

"그래, 내 말뜻을 정확히 이해한 것 같아서 다행이네. 물론 교직 초기에는 모든 것이 미숙하기에 학생의 특성을 이해하기 위해 책도 많이 읽고, 동료교사의 조언을 많이 구하지. 그런데 시간이 흐르다 보면 학생에 대한 이해가 어느 선 이상으로 발전하지 못하고 매너리즘에 빠지게 되지. 자기는 학생, 학습자에 대해서 충분히 이해하고 있다고 합리화하면서 말이야. 하지만 학생은 해마다 달라지지. 지금 만나고 있는 학생이 1년 전에 만났던 학생이 아니란 말이지. 그럼에도 교사의 1년 전 준비와 현재의 준비가 동일하다는 것은 문제라고 할 수 있어."

선배의 말을 곰곰 듣고 보니 선배의 질문은 교육과정의 내용을 바꿨냐고 질문한 것이 아니라, 새로 만나는 아이들에 대해서 어떤 준비를 하고 있냐는 의미인 것이다.

"선배의 말처럼, 학생에 대한 친숙함과 익숙함이 경멸을 불러일으킨다면 어떻게 학생들을 맞이할 준비를 해야 할까요?"

"그건 바로 친숙함에서 낯설음으로의 이동이지. 교사는 학습자에 대한 온전한 이해와 더불어 학습자를 무리로서 보는 것이 아니라 개개인으로 바라볼 수 있는 안목과 기술을 갖춰야지. 집단에서 개인으로, 즉 학습자를 '낯설게 하기'를 통해 말이야.

"정말 준비해야 될 게 많네요."

"그렇지. 새 학기가 시작되기 전에 충분한 준비를 해두지 않으면 실제적 배움이 일어나지 않을 가능성이 높아. 학교가 배움이 일어나는 공간이 되지 않으면 교사와 학생은 그 관계가 피상적이고 모호해진다고 할 수 있지."

선배의 조언 중에 '실제적 배움'이라는 단어가 귀에 와 닿았다. 그렇다. 학교는 배움이 일어나는 공간이 되어야 한다. 지금까지의 대화를 통해서 확실한 것 한 가지를 깨닫게 되었다. 지금 나는 성장하고 있는 교사라는 사실을 말이다. 지금 배우려 하지 않고, 노력하지 않으면 '화석화된 교사'가 될 수 있는 사실을……

정말 중요한 것은 눈에 보이지 않는다

친숙은 경멸을 낳는다. 어떻게 보면 학습자라는 단어는 학생의 또 다른 대명사로서, 우리에게 너무 친숙하게 들린다. 이와 같은 친숙함은 학습자에 대한 심드렁한 반응을 이끌어 내며 심지어 메커니즘적으로 학습자를 대하게 만든다. 러시아 비평가 슈클로프스키Shklovsky는 친숙함의 문제를 겨냥하며 오스트라네니예Ostranenie라는 흥미로운 단어를 얘기했다. 오스트라네니예는 일종의 '거리 두기', '낯설게 하기'의 의미를 지닌다. 익숙했던 것을 마치 처음 본 것인 양 이상하게 보이게, 또 자연스러웠던 것을 어색한 것처럼 느끼게 함으로써 다차원적인 시각을 제공한다는 것이다. 그러나 사람들은 본능적으로 자신의 세계를 타인의 시선으로 재조정하는 '조절'보다는 타인의 세계를 자신의 시선으로 평형화하는 '동화'에 매우 익숙하다. 사람들이 '동화'에 익숙한 까닭은 무엇일까? 그 이유를 맥락의 부재, 편견과 고정관념으로 들 수 있다.

시몬과 페로cimon and pero

위의 그림은 네덜란드 암스테르담 국립미술관 입구에 걸려있는, 바로크 미술의 거장 루벤스가 그린 시몬과 페로이다. 젊은 여인이 밝은 대낮에 가슴을 드러내고 있다. 그리고 늙은 남자는 손이 묶인 채 여인의 가슴을 빨고 있다. 여기까지 보았을 때 당신은 어떤 생각이 드는가? 욕정에 눈이 먼 두 남녀의 외설스러움이 보이는가? 아니면 젊은 여자와 놀아나는 늙은 남자의 추잡함이 느껴지는가? 일반적인 가치관을 지닌 사람이라면 이렇게 생각하는 것이 당연하다. 하지만 이 그림의 앞뒤 맥락을 들어보자.

늙은 노인 시몬Cimon은 로마 시대에 사회 운동을 하다 감옥에 갇혔고 그에게 내려진 형벌은 굶겨 죽이는 것이었다. 노인에게는 페로Pero라는 딸이 있었고 아버지가 수감된 감옥에 면회를 간 딸은 아버지가 굶어 죽어가는 것을 차마 볼 수 없었기에 몰래 자신의 젖을 먹여 아버지의 생명을 연장시켰다.

자, 이제 위의 그림을 다시 보자, 추잡하고 외설스러운가? 아니면 숭고한 인간애가 느껴지는가? 그렇다. 이처럼 맥락을 무시한 현재는 단지, 사진 또는 그림과 같은 정지된 현상일 뿐이다. 마치 '어린왕자'의 모자와 코끼리를 삼킨 보아뱀의 이야기에서 나온 명대사처럼 말이다.

여우가 말했다.
"비밀 하나를 알려줄게.
아주 간단한 건데,
마음으로 봐야
잘 보인다는 거야.
정말 중요한 것은
눈에 보이지 않아."

『어린왕자』 중에서

이처럼 교사와 학부모가 학습자를 이해하기 위해서는 학습자의 현재만을 보아서는 안 된다. 학습자의 현재와 과거, 즉 살아있는 존재로서 맥락을 파악해야 교사의 생각과 시선으로 학생의 존재를 '동화'시키는 것이 아닌, 학생의 세계에 교수자의 생각과 시선을 재조명하는 '조절'이 나타날 수 있다.

생각의 말뚝
이 코끼리는 어릴 때 잡혀왔다. 작은 말뚝에 묶이는 그 순간부터 빠져나오려 애를 써봤지만 힘이 부족했다. 시간이 흐르면서 코끼리는 현재에 편안해졌고 이젠 작은 힘으로도 뽑을 수 있는 저 말뚝을 어릴 때의 뽑지 못한다는 생각에 포기하고 산다.

위의 생각의 말뚝은 고정관념의 무서움을 일깨워주는 이야기이다. 익숙함은 도리어 우리에게 편견을 불러일으키고 완고한 인식의 틀, 즉 고정관념을 제공한다. 익숙함이 지나치면 타인으로부터 소위 '꼰대'라는 비아냥을 들을지도 모르는 일이다.

교사와 학부모는 학습자에 대한 편견을 지니고 있다. 이 편견은 어떤 특정한 오해로서의 편견이 아닌, 학습자를 지극히 친숙하고 당연하게, 익숙하고 편하게 여긴다는 편견이다. 교사에게 학습자란, 일 년에 한 번씩 만나게 되는 학생들의 군집이자 표상을 대변하는 단어이다. 부모에게 있어서 학습자란, 수년간 한솥밥을 먹고 자란 사랑스러운 자녀이자, 인격체이다. 교사와 학부모는 학습자를 배워야 하는 존재, 도움이 필요한 존재로 인식하기에 은연중 자신보다 못한 존재로 인식한다. 이는 교사나 학부모가 학습자를 제대로 이해하지 못하고 있다는 반증이다. 이처럼 학습자에 대한 진정한 이해는 이해의 대상인 학습자로부터 발현되는 존재론적인 인식과,

이해하는 주체인 교사와 학부모 자신에 대한 자기 인식이 바탕이 될 때 가능하다.

지금까지, 맥락의 부재, 편견과 고정관념을 타파하여 교사 중심으로 향하는 학습자의 동화가 아닌, 학습자로의 교사의 조절이 이뤄질 때 학습자에 대한 온전한 이해가 가능하다는 개념적인 이야기를 전개했다. 그렇다면 어떤 방법으로 학습자를 이해하면 좋을까?

나머지를 찾아라!

빙산의 일각

학습자를 비유하자면 빙산이라는 표현이 적절할 것 같다. 일반적으로 빙산의 8분의 1은 수면 위로 올라와 있지만, 나머지는 물에 잠겨 있기 때문이다. 마찬가지로 교사의 눈에 보이는 모습이 학습자의 전부가 아니다. '빙산의 일각'이라는 말을 차용하자면 이는 '학습자의 일각'일 뿐이다. 우리는 3차원의 공간에서 살고 있지만 정작 우리의 눈은 2차원밖에 보지 못한다. 일반적으로 우리의 눈은 대상의 앞면과 뒷면을 동시에 볼 수 없다. 마찬가지다. 우리는 학습자의 현재 상태밖에 보지 못하며 그것도 평면적으로밖에 이해하지 못한다. 따라서 교사가 가족 또는 친구를 통해 학습자의 과거와 현재를 알고 다양한 검사 도구를 통해 학습자를 이해하는 것은 매우 중요하다.

교사가 학습자 각각의 독창성과 학습 선호도를 진정으로 이해할 수 있을 때, 교사는 학습자의 필요에 부응하고 긍정적인 학습결과에 기여하는 교육과정을 개발할 수 있다. 다시 말해 교사가 학습자를 이해하는 것은 학습자의 관심사, 가정생활, 유능한 기술 및 선호하는 학습 스타일에 대해 알아내기 위해 시간을 보내는 것을 의미한다.

나머지 찾기 1- 부모의 정보 제공

부모는 학습자에 대한 정보의 훌륭한 원천이다. 많은 교사들이 학생들에 대해 알아보기 위해 연초에 간단한 정보지를 제공한다. 일부 학교는 부모들에게 자녀에 대해 편지를 쓰라고 요청한다. 이것은 큰 노력이 필요하지 않으면서도 유용한 정보를 제공한다. 선생님에게 보내는 편지는 교육공동체 구성원(학습자-학부모-교사) 간의 관계를 발전시키기 위한 기초가 될 수 있는 정보를 수집하기 좋은 구조를 제공한다.

[편지 예시]

선생님께 보내는 편지

선생님, 현서는 사랑스러운 아이예요. 항상 밝게 웃고, 선생님이 말하는 것은 어떻게서든 하려고 하는 성실한 아이지요. 1학년이라 아직 글쓰기가 익숙하지는 않지만 또박또박 쓸려고 어찌나 노력하는지, 참 기특합니다. 그런데 가끔은 어른의 눈치를 볼 때가 있어요. 아이가 어렸을때부터 다른 사람이나 친구들에게 피해주는 행동을 하지 않길 바라는 마음에 '하지 마'라는 말을 많이 했었는데, 그런 말이 아이가 눈치를 보게 하지 않았나 미안한 생각이 듭니다.
그리고 아이에게 아토피가 있어요. 어렸을 때부터 쭉 있었던 건데, 1~2월달이 건조해서 그런지 많이 가려워해요. 수업시간에도 계속 긁고 있지 않을지 걱정이 됩니다. 현서는 동생을 많이 아끼고 사랑해요. 병설 유치원에 있는데 혹시 점심시간에 동생을 보고 너무 반갑다고 부주의한 행동을 한다면 간단히 감사하겠습니다.

부모: OOO 올림

나머지 찾기 2 - 학습자의 정보 제공

학습자의 정보를 찾기 위한 손쉬운 방법으로 자기소개 설문지를 활용할 것을 권장한다. 자기소개 설문지에는 학습자가 쉽게 답변할 수 있는 내용부터 학습자의 내면 상태를 비춰볼 수 있는 다양한 수준의 질문이 포함되어 있다.

Work Sheet 블로그	자기소개 설문지	📁

뿐만 아니라 학급 또는 개별 수준에서 다음과 같은 질문을 사용할 수 있다.

· 나는 공부에 대해 어떻게 생각하나요?
· 나는 올해/이번 학기에 무엇을 기대하나요?
· 나는 정말로 무엇을 배우고 싶은가요?
· 학교에서 나를 짜증나게 하는 것은 무엇인가요?
· 공부에 대해 걱정하고 있는 것은 무엇인가요?
· 선생님이 나에 대해 무엇을 알기를 원하나요?
· 학교에서 다른 사람들을 돕기 위해 무엇을 할 수 있나요?
· 공부에 적극적으로 참여할 수 있도록 나를 자극하는 것은 무엇인가요?
· 올해 목표는 무엇인가요?
· 공부할 때 선생님이 나를 어떻게 도와주시면 좋을까요?

다만 질문 A4 용지와 같은 공란에 막연히 질문에 대한 대답을 적기보다는, 아래 예시와 같이 학습자가 좀 더 진지하게 자신에 대한 정보를 제공할 수 있는 틀을 제공해 줄 필요가 있다. 예를 들어 학년 초 교실에서는 육각딱지 양식을 빈번하게 활용한다. 육각딱지는 캐릭터를 중심으로 여섯 개의 모서리에 자신의 정보를 적을 수 있는 만능틀이다.

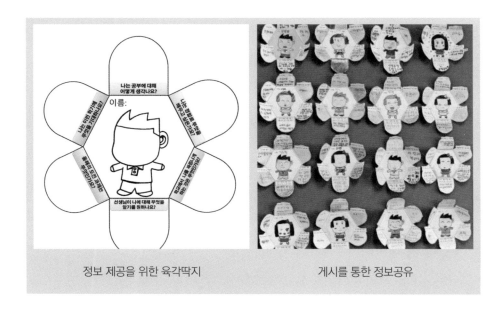

정보 제공을 위한 육각딱지   게시를 통한 정보공유

이 틀에는 교사가 어떤 질문을 던지냐에 따라서 학습자에게서 제공받을 수 있는 정보가 달라진다. 그리고 반 아이들이 모두 적은 육각딱지는 학기 초 교실 환경구성에 사용할 수도 있다는 장점이 있다.

학기 초 교사가 학습자의 정보를 파악하기 위해 구체적인 설문지를 활용해야 한다. 맥콤스와 밀러McCombs & Miller(2007)가 제시한 학습 및 발달 상황 설문지는 학습자 개인의 인적사항, 흥미 정도, 여가시간 활용, 봉사활동 등 기본적인 사항이 포함되어 있다. 또한 학습자 자신의 간략한 자기소개 설문지를 통해 학습자의 선호와 강화인에 대한 개인적 정보를 얻을 수 있다.

Work Sheet 1-1	학습 및 발달 상황 설문지	63~64쪽

나머지 찾기 3 - 검사도구의 활용

다음의 도구들은 학습자의 학습양식, 발달 상황에 대한 정보를 얻는 데 도움을 준다. 여기서는 검사 도구 이름과 도구를 사용할 수 있도록 간단한 설명만을 제시하고 있고, 실제적으로 사용할 수 있는 검사 도구는 워크시트에 제시되어 있다. 모든 워크시트는 기본적인 사항을 제시하고 있으며, 교사가 학습자의 상황 및 교실의 여건에 맞춰 수정하여 사용할 수 있다.

1) 강화 관련 선호도 조사

학습자 선호도를 파악하는 것은 학습자중심교육에 있어서 핵심 요소이다. 스텔렌 Stellern(1976)에 의해 제시된 강화 관련 선호도 조사 도구는 학습자 개개인 강화 선호도를 조사하여 수업 계획에 활용할 수 있다.

Work Sheet 1-2	강화 관련 선호도 설문지	65~66쪽

2) 학습양식 조사

학습양식은 학습과정에서 이루어지는 정보처리과정에서 학습자가 지속적으로 선택하는 일정한 경향성을 띤 학습방법의 모음이다. 학습방법의 경향성은 학습자마다 다르므로 개별적인 학습자 특성의 하나가 된다. 학습자가 택하는 학습방법들 중 경향성을 띠지 않고 특수한 상황에 따라 달리 나타나거나 일회적으로 나타나는 일시적인 모습은 학습양식으로 볼 수 없다. 그러므로 학습양식은 개별적 학습자가 택하는 학습방법들 중 안정적인 경향성을 띠고 있는 학습방법의 성향을 뜻한다고 할 수 있다.

학습양식의 유형은 학습양식이 학습자 특성의 어떤 영역과 관련되었느냐에 따라 분류를 달리한다. 대표적으로 학습자의 인지적 특성에 초점을 두었는지, 정의적 특성에 초점을 두었는지에 따라 학습양식은 달리 구분된다. 라이히만과 그라샤 Reichmann & Grasha(1976)는 독립적, 의존적, 협동적, 경쟁적, 참여적, 회피적 등의 여섯 유형으로 구분하였으며 콥Kolb(1999)은 인성적 특성을 반영한 정보처리 방식과 정보지각 방식에 의해 학습양식 유형을 분산자, 융합자, 수렴자, 적응자로 분류하였다. 코넬Connell(2005)은 학생들이 정보를 처리하는 학습 양식을 청각 주도, 시각 주도, 촉각-운동적 주도의 세 가지로 나눴다. 톰린슨Tomlinson(2005)은 초등학교 학생들의 학습양식을 파악할 수 있는 유용한 도구를 제시하였다.

Work Sheet 1-3	학습양식 설문지-Tomlinson	67쪽

이상에서 제시한 학습양식은 서로 간에 우열적 개념이 있는 것이 아닌 학습자의 인지, 정서 또는 두뇌의 선호 성향을 나타낸다.

3) 교수 학습 방법 선호도 조사

교수 학습 방법에는 많은 종류들이 있다. 시대의 요구와 교육적 상황 및 필요성에 의해 여러 가지 교수 학습 방법이 생겨나거나 개발되었는데 이 장에서는 설명식 수업, 협동식 수업, 발견/탐구 수업으로 나눠 제시하도록 하겠다.

설명식 수업은 교사가 자료를 제시하고 설명하는 형태의 수업이다. 원래 강의식 수업과 유사한 방식으로 지식이나 기능을 학습자에게 이해시키기 위해 자주 사용된다. 전반적으로 설명식 수업은 설명이나 해설을 통하여 수업을 전개하는 교수학습 방법이다. 협동식 수업은 학습자-학습자, 학습자-수업자 간에 수업의 정보나 아이디어, 의견 등을 나누어 함께 문제를 해결해 나가는 형태의 수업을 말한다. 발견/탐구식 수업은 학습자들이 지식획득의 과정에 주체적으로 참가함으로써 학습자들로 하여금 자연이나 사회를 조사하는 데 필요한 탐구능력을 몸에 배게 하고, 인식의 기초가 되는 개념의 형성을 꾀하고, 다시 새로운 것을 발견, 탐구하려는 적극적인 태도를 기르려고 하는 학습활동을 말한다.

교사가 학습자의 교수 학습 방법 선호도를 조사하게 될 때 교사의 수업 설계가 더욱 치밀하게 이루어질 수 있다.

4) 뇌 유형 검사도구

첨단과학이 발달하면서 뇌의 구조와 기능에 관한 연구가 활발해지고 있다. 인간의 인지적 능력에는 개인차가 존재하며 특히 뇌는 좌뇌와 우뇌로 나뉘어 그 기능이 분화되어 서로 다른 방식으로 작용한다. 학습자는 좌뇌형, 우뇌형, 양뇌형 등 서로 다른 뇌 유형을 지니고 있기에 수업은 뇌의 유형에 따른 강점을 살리고 약점은 보완하는 방향으로 할 때 배움이 효과적이다.

학자들에 의해 밝혀진 뇌의 유형에 따른 일반적인 특징으로는, 좌뇌는 언어적, 분석적, 논리적, 수 조작 등을 우뇌는 비언어적, 통합적, 미적, 창의적 특성을 지닌다. 따라서 좌뇌는 읽기, 말하기, 추리, 분석하기, 수학 등의 과제에 영향을 미치고, 우뇌는 이미지 기억하기, 공간 지각하기, 음악, 미술, 청각적 활동 및 시각적 활동에 영향을 미친다. 양뇌는 좌뇌나 우뇌로 편향된 특징을 보이지 않고 좌뇌와 우뇌의 강점을 고루 가지고 있다. 그리고 좀 더 좌뇌형, 우뇌형의 특징을 지닌 사람보다 과제를 수행하는 데 균형적이고 융통적이며, 다양한 관점을 지닌다는 특징이 있으나 다소 우유부단한 모습을 보이기도 한다.

따라서 교수자는 학생의 뇌 유형에 따라 선호하는 학습 방법을 수업계획 시에 포함할 필요가 있으며, 동시에 학습자의 균형 잡힌 뇌 발달을 위한 좌우뇌 통합형 활동을 고려해야 한다.

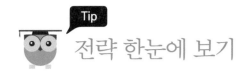

전략 한눈에 보기

전략 1: 선생님에게 보내는 편지

전략 1은 교사가 학습자의 학습 목표를 더 잘 알 수 있도록 도와준다.

● 방법

① 학습자에게 여러분에 대해 더 많이 알고 싶다고 말해 보자. 왜냐하면 이것은 효과적인 학습에 중요하기 때문이다.

② 학습자에게 담임선생님에게 보내는 편지를 작성하게 하거나, 학습 목표, 꿈, 걱정 등에 대해 알려주기 위해 편지를 작성하게 한다.

③ 학습자를 개별적으로 또는 적어도 소규모 그룹으로 만나서 1년 동안의 개인적인 바람을 논의할 시간을 내보자. 이를 통해 그들이 목표를 달성하기 위해 무엇을 해야 하는지, 어떻게 하면 그들의 계획을 도울 수 있는지 생각해 보게 하면 좋을 것이다.

● 적용 및 확장

① 시범삼아 학습자에게 보내는 샘플 편지를 써보도록 하자. 또는 자신을 소개하고 올해의 계획을 공유하는 방법으로 학습자에게 개별적으로 편지를 보내보자.

② 필요한 경우, 교사와의 지속적인 상담은 학습 계획이 어떻게 진행되고 있는지 확인하기 위해 준비될 수 있다.

| Work Sheet 1-4 | 선생님께 보내는 편지(학부모용) | 68쪽 |

전략 2: 목표 달성하기(개인목표 설정)

전략 2는 개인 목표 설정에 대한 내용으로 구성되어 있다. 목표 설정 및 기타 자기 평가 전략의 기본적인 신념은 학습 결정에 적극적으로 참여하는 것이 학습에 대한 책임과 주도성을 증진한다는 것이다. 이것은 자기주도적인 학습 기술을 개발하는 데 필수적이다.

● **방법**

① 학습자에게 자신의 학습에 대해서 생각해 보고, 그들의 삶의 방향에 어떻게 느끼고 있는지 요청하자. 학습자는 이를 소그룹이나 전체 수업에서 토론할 수 있다.

② 학습자에게 토론에서 얻은 아이디어를 이용해서 자신의 학습을 위한 계획을 세우라고 요청하자.

③ 학습자에게 자기 계발과 학습 목표를 달성했는지 여부를 나타내는 사례에 초점을 맞추도록 요청하자.

● **적용 및 확장**

① 토론을 위한 몇 가지 구조를 제공하자. 예를 들어 자랑할 만한 것들을 적어보자. 개선하고 싶은 것은 무엇인가? 학습 능력을 향상시키기 위해 도움이 될 만한 것은 무엇인가?

② 학습지가 학년 초 1년간의 목표 설정을 위해 적합한 구조로 되어 있지만, 한 학기와 같은 짧은 기간에도 사용될 수 있다.

③ 목표를 모니터링하고 필요에 따라 목표를 재설정할 시간을 만들어라.

Work Sheet 1-6	목표 달성하기	70쪽

전략 4: 학습양식 설문지의 활용-Reichmann & Grasha

전략 4는 라이히만과 그라샤Reichmann & Grasha(1976)가 제시한 학습양식에 대한 설명이다. 본 워크시트에서 제시한 내용은 약식 검사지이며 학기 초에 잠깐 시간을 내어 학습자가 선호하는 학습양식을 알아내고 이를 교수 학습 계획에 반영하는데 그 의의가 있다고 할 수 있다. 물론 개인의 학습양식은 일종의 경향성을 나타내기에 여러 유형이 강세를 보일 수도 있고 또는 여러 유형이 약세를 보일 수도 있다. 또한 학습자가 처한 상황에 따라 다른 모습이 강세를 보일 수도 있으니 이에 유의하도록 하자.

● 해석 방법

[채점 방식] 각 항목의 모든 점수를 합산하여 정리하세요.

독립형 학습자	의존형 학습자	협동형 학습자	경쟁형 학습자	참여형 학습자	회피형 학습자
1~3문항	4~6문항	7~9문항	10~12문항	13~15문항	16~18문항

앞서 제시한 점수를 아래의 유형 범위에 기준하여 낮음, 중간, 높음을 판단하세요.

구분	낮음	중간	높음
독립형 학습자	~8점	9점 ~ 12점	13점 ~ 15점

의존형 학습자	~6점	7점 ~ 9점	10점 ~ 15점
협동형 학습자	~8점	9점 ~ 11점	12점 ~ 15점
경쟁형 학습자	~9점	10점 ~ 12점	13점 ~ 15점
참여형 학습자	~5점	6점 ~ 8점	9점 ~ 15점
회피형 학습자	~9점	10점 ~ 12점	13점 ~ 15점

● 학습양식별 특징 및 지도 방법

학습양식	특징 및 지도 방법
독립형	혼자 힘으로 공부하길 원하는 학습자 유형이다. 필요한 경우에는 다른 학습자의 아이디어에도 귀를 기울일 줄 안다. 중요하다고 느끼는 내용을 배우며, 또한 자신의 학습능력에 대하여 자신감을 가지고 있다. 이들은 교사중심보다는 학습자중심 수업 방법을 좋아한다.
의존형	지적 호기심이 거의 없거나 또 교사가 요구하는 것만을 배우려는 학습자 유형이다. 교사나 동료학습자들의 권위 있는 지침을 기대하며, 무엇을 해야 하는가에 관해 듣기를 원한다. 교수중심의 수업을 좋아한다.
협동형	각자가 가지고 있는 지식이나 재능, 그리고 창의성 등을 서로 교환함으로써 가장 많은 것을 배울 수 있다고 느끼는 학습자 유형이다. 교사와 동료학습자와 협력하며 서로 서로 어울려 공부하기를 원한다. 소그룹 형식의 토의에 협력적이고 개별적인 것보다는 그룹으로써 하며, 교사들과의 상호작용을 잘한다.
경쟁형	학급에서 다른 학습자보다 더 잘하려는 학습자 유형이다. 좋은 성적을 얻거나 혹은 교사의 관심을 받기 위해서는 다른 학습자들과 경쟁을 해야 한다고 생각한다. 그들은 경쟁적인 교실상황을 좋아하며 특강이나 강의식 수업 같은 것도 보통 수업 못지않게 좋아한다.
참여형	교과내용을 배우기를 원하며, 수업에 참가하기를 원하는 학습자 유형이다. 수업에 관련된 활동에는 가능한 한 많은 참여를 해야 한다고 생각한다. 과제를 논의하는 토론을 좋아하며, 수업에서 과제의 분석과 통합에 능한 교사를 좋아한다.
회피형	교과학습의 수업내용에 별로 흥미가 없는 학습자 유형이다. 이들은 교실에서 교사나 동료들과 함께 어울리지 않으며, 교실 내에서 일어나고 있는 일에 흥미가 없거나 질려있는 형이다. 시험에 흥미도 없고 열광적으로 수업하는 교사를 싫어하며, 계획적이고 조직적인 강의를 싫어하거나 개인적 접촉을 하려는 교사는 싫어한다.

Work Sheet 1-7	학습양식 설문지-Reichmann & Grasha	71쪽

전략 5: 학습양식 설문지의 활용-Connell

전략 5는 코넬Connell이 제시한 학습양식에 대한 설명이다. 코넬은 학습양식을 청각 주도, 시각 주도, 운동감각적 주도의 세 가지로 나눈다. 각 양식은 우열의 관계가 아닌 두뇌의 선호 경향을 나타낸다.

● 해석 방법

[채점 방식] 각 항목의 모든 점수를 합산하여 여기에 기록하세요.

청각적 학습자: ①번 개수 × 10점 = (   )점
시각적 학습자: ②번 개수 × 10점 = (   )점
운동감각적 학습자: ③번 개수 × 10점 = (   )점

● 학습양식별 특징 및 지도 방법

청각적 학습자	시각적 학습자	운동감각적 학습자
· 학습내용 낭독하기 · 모르는 단어나 내용을 보게 되면 소리 내어 읽도록 격려 · 학습 시 조용한 장소에서 할 수 있도록 함 · 소집단 토론을 허용하고 자신의 생각을 명료화시키기 · 글보다는 말로 소리 내어 발표시키기 · 학생이 수업 중에 성취한 것을 말로 표현할 수 있는 시간 갖기 · 주제와 관련된 연주하기 · 박자와 리듬 듣기 · 학생들을 짝 지어 서로 가르쳐 주도록 하기 · 다른 사람들의 생각을 이해하기 위해 경청하도록 하기 · 소집단 활동에서는 프레젠테이션 또는 내레이션 역할을 부여	· 그래픽 조직자 활용하기 · 강의 시간에 PPT 사용하기 · 학생들이 함께 읽을 수 있도록 유인물 제공하기 · 마인드맵 사용하도록 지도하기 · 시각적 상상력 가르치기 · 자료 제시를 위해 그래프와 차트 사용하기 · 영화와 뉴스 보여주기 · 학생들이 그림으로 반응하도록 글로 된 설명/요약을 덧붙여 제공하기 · 연설문, 노랫말, 시가 적힌 글을 복사하여 제공하기 · 여러 가지 구체물을 사용하여 수학 개념을 학습하도록 하기 · 하이라이터를 활용하여 중요한 내용을 표시하기	· 수업에서 이해한 내용을 역할극이나 인형극으로 표현하기 · 시 낭송하기, 연설문 낭독하기, 노래 부르기 · 손으로 조작할 수 있는 자료 제공하기(수학시간: 구체물 제공) · 감정과 직감을 몸으로 표현하기 · 역사적인 시대와 관련된 화석, 의상 등을 소개하기 · 주제와 관련된 식품 제공하기 · 발표 자료와 보고서에 모형과 실물을 포함시키기 · 학생들에게 큰 소리로 읽기 위한 활동 부과하기 · 현장답사하기 · 노트 필기하는 방법 가르치기 · 무용하기 · 프로젝트 삽화를 위한 사진 찍기

전략 6: 뇌 편향 검사지의 활용

전략 6은 뇌 편향 검사지 활용에 대한 설명이다. 다음은 검사 결과를 해석하는 방법과 간략한 지도방법에 대해서 기술하였다.

● 해석 방법(Crane 검사지)

[채점]

1, 2, 3, 7, 8, 9, 13, 14, 15, 19, 20, 21번 문항 A: 1점
4, 5, 6, 10, 11, 12, 16, 17, 18번 문항 B: 1점
총합: ( )점

[해석]

0~4점	5~8점	9~12점	13~16점	17~21점
강한 좌뇌형	좌뇌형	양뇌형	우뇌형	강한 우뇌형

〈참조: Crane(1989). Alert scale of cognitive style. Kalamazoo.〉

● 해석 방법(Connell 검사지)

[채점] 각 응답에서 좌, 우, 중의 개수를 세어 기록하시오.

좌(좌뇌형) = ( )개
우(우뇌형) = ( )개
중(중간형) = ( )개

[해석]

한 영역에서 6-8개의 선호도를 보인다면 해당 영역에서 뇌 편향이다.
한 영역에서 9개 이상의 선호를 보인다면 매우 강한 뇌 편향이다.

Work Sheet 1-10	뇌유형 검사지-Connell	76~77쪽

● 뇌 유형별 특징 및 지도 방법

좌뇌형	우뇌형
· 이성적임	· 직관적임
· 이름을 잘 기억함	· 얼굴을 잘 기억함
· 언어적인 수업이나 설명이 효과적임	· 그림이나 상징을 제시하는 설명이 효과적임
· 체계적이고 통제된 곳에서 실험을 함	· 통제 정도가 낮은 것을 선호하며 계획 없이 실행함
· 문제를 부분적으로 나누어 순서대로, 논리적으로 해결함	· 문제를 전체적으로 조망하여 직감이나 예감에 의해 접근함
· 객관적으로 판단함	· 주관적으로 판단하며 개인의 내면적인 것을 추구함
· 계획적이고 구조적임	· 유동적이고 무의식적임
· 확실한 지식을 선호함	· 알쏭달쏭한 정보를 선호함
· 분석적으로 독서를 함	· 종합적으로 독서함
· 사고와 기억을 일차적으로 언어에 의존함	· 사고와 기억을 이미지에 의존함
· 말하고 글쓰는 것을 좋아함	· 그림 그리는 것, 물건을 조작하는 것을 선호함
· 체계적으로 계획한 연구나 작업을 선호함	· 개방적인 연구나 일을 선호함
· 선택형으로 질문함	· 개방적으로 질문함
· 위계적이고 권위적인 구조를 선호함	· 참여적이고 협동적인 구조를 선호함
· 감정을 자제함	· 비교적 자유로운 감정임
· 시각적·청각적 자극에 가장 잘 응답함	· 활동적 자극 상황을 선호함
· 몸짓으로 표현하면 이해를 잘 못함	· 몸짓으로 표현하면 이해를 잘 함
· 은유나 유추는 즐겨하지 않거나 잘 사용하지 않음	· 은유나 유추를 선호하고 자주 사용함
· 단일 변인 연구를 선호함	· 다 변인 연구를 선호함

〈Work Sheet 1-1〉 학습 및 발달 상황 설문지

학습 및 발달 상황 설문지

- 이름: 학년:

- 형제자매(이름과 나이)

  1.
  2.
  3.

- 누구와 함께 살고 있는가?

- 애완동물은?

- 좋아하는 것은?

음식	
연예인	
음악	
TV 프로그램	
간식	
기타(　　　)	

- 공부 또는 숙제를 평균적으로 일주일에 몇 시간 정도 하는가?　　　시간

- 좋아하는 과목과 이유는?

  1.
  2.
  3.

• 다음 중에서 잘하는 것을 1~10점(10점이 가장 높은 점수)까지 점수를 매겨 보세요.

읽기	운동	창의성
쓰기	연극	미술
말하기	시간관리	필기
듣기	친구 사귀기	음악
과학	리더십	독립심
수학	협동하기	발표

• 현재 방과 후에 참여하고 있는 교육 활동은 무엇이며 1주일에 몇 시간인가요?

  1.   (시간)

  2.   (시간)

  3.   (시간)

• 여유시간이 있다면 누구와 함께 하고 싶은가요?

• 여유시간이 있다면 무엇을 하고 싶은가요?

• 여유시간에 친구와 보내고 싶나요, 아니면 혼자 보내고 싶나요? 그 이유는 무엇인가요?

• 봉사활동에 참여하는 것이 있나요?

  – 자발적으로 자원한 것

  – 가족과 함께 의무적으로 하는 것

  – 그 이외에 것

〈Work Sheet 1-2〉 강화 관련 선호도 설문지

강화 관련 선호도 설문지

• 이름: 학년:

01. 만약 기회가 주어진다면 집에서 지금보다 더 많이 하고 싶은 활동은 무엇인가요?
   세 가지만 적어 보세요.
   ①
   ②
   ③

02. 방학 때 가장 하고 싶은 것을 적어주세요.
                     여름 방학   겨울 방학
   ①
   ②
   ③

03. 어떤 것을 읽고 싶나요?
   ①
   ②
   ③

04. 취미 또는 좋아하는 활동은 무엇인가요?
   ①
   ②
   ③

05. 하고 싶은 게임은 무엇인가요?
   ①
   ②
   ③

06. 내가 한 일 중 자랑스러운 것들은 무엇인가요?
    ①
    ②
    ③

07. 현재 내가 가지고 있지 않은 것들 중에서 앞으로 가지고 싶은 것은 무엇인가요?
    – 학교에서:
    – 집에서:

08. 내가 가장 닮고 싶은 사람은 누구인가요? 그 사람과 무엇을 하고 싶은가요?

09. 내가 바라는 최고의 상은 무엇인가요?

10. 나중에 어른이 되면 어떤 사람이 되고 싶은가요?

11. 나에게 가장 심한 벌을 준 사람은 누구인가요?
    – 어떻게 벌을 주었나요?
    – 나에게 효과적이었나요?
    – 다른 벌로 어떤 것들이 사용되었나요?
    – 그 중 어떤 벌이 나에게 효과적이었나요?

13. 학교에서 어떨 때 기분이 나쁜가요?

15. 내가 진정으로 원하는 것은 무엇인가요?

18. 어떤 대가를 치르더라도 반드시 피하고 싶은 것은 무엇인가요?

19. 엄마와 가장 하고 싶은 것은 무엇인가요?

22. 내가 학교에서 잘 했을 때 우리 선생님이 해주셨으면 하는 것은 무엇인가요?

26. 우리 선생님이 하지 않으셨으면 하는 것은 무엇인가요?

27. 아빠와 가장 하고 싶은 것은 무엇인가요?

〈Work Sheet 1-3〉 학습양식 설문지-Tomlinson

학습양식 설문지		
질문 내용	예	아니오
01. 나는 조용할 때 공부가 가장 잘 된다		
02. 나는 공부할 때 다른 사람들이 옆에서 시끄럽게 이야기해도 상관없다.		
03. 나는 책상에 앉아서 공부할 때 공부가 가장 잘 된다.		
04. 나는 방이나 마루에 엎드려서 공부할 때 공부가 가장 잘 된다		
05. 나는 누가 시키지 않아도 스스로 공부한다.		
06. 나는 선생님이나 부모가 시킬 때에만 공부한다.		
07. 나는 일단 숙제를 하게 되면 그것이 끝날 때까지 다른 일은 하지 않는다.		
08. 나는 과제를 하다가 어려움에 처하게 되면 과제를 끝내지 못할 때가 있다.		
09. 선생님이 과제를 주시면 제시된 방법을 정확히 따르는 것을 좋아한다.		
10. 선생님이 과제를 주시면 그것을 해결하는 절차를 스스로 만들어 시행한다.		
11. 나는 홀로 공부하는 것을 좋아한다.		
12. 나는 공부할 때 친구나 소그룹과 함께 하는 것을 좋아한다.		
13. 나는 과제를 할 때 시간이 많이 걸리더라도 끝내는 것을 선호한다.		
14. 나는 과제를 할 때 시간을 정해 놓고 하는 것을 선호한다.		
15. 나는 움직이고 돌아다니면서 공부하는 것을 좋아한다.		

위의 설문지는 별도의 통계를 내지 않고 개별 문항을 통하여 학습자가 선호하는 구체적인 학습 유형 및 상황을 파악하는 양식이다. 각 문항의 응답을 기초로 효과적인 수업 설계 및 개별화 수업에 응용해 보도록 한다.

〈Work Sheet 1-4〉 선생님께 보내는 편지(학부모용)

선생님께 보내는 편지

자녀 성명 :

이 편지는 자녀에 대한 부모님의 생각을 자유롭게 적을 수 있습니다.
선생님이 꼭 알았으면 하는 내용 및 선생님께 부탁하는 것들을 허심탄회하게 적어주시면
감사하겠습니다.

....

....

....

....

....

....

....

....

....

....

<Work Sheet 1-5> 선생님께 보내는 편지(학생용)

선생님께 보내는 편지

이름 :

이것은 선생님에게 여러분의 학습 꿈, 목표, 걱정에 대해 말할 수 있는 기회입니다. 어떤 단어는 페이지 오른쪽에 나열되어 있으며, 감정을 설명하는 데 도움이 될 거예요. 솔직하게 말해 주면 좋겠어요.

.... 선생님에게.

나는 이번 해에 내 공부에 대해서

.... 싶어요.

나는 이번 해에

.... 했으면 좋겠어요,

올 해 내 공부에 있어서 가장 큰 바람은

....

나는 선생님의

.... 이 궁금해요.

내가 선생님께 바라는 것은

.... 에요.

내 개인적인 공부의 목표는

....

.... 로부터

보기

흥분한
예리한
우려되는
호기심 많은
동기부여된
걱정되는
확실하지 않은
준비된
희망적인
관심 있는
도전
자신감 있는
준비된
유능한
행복한
주저하는

〈Work Sheet 1-6〉 목표 달성하기

목표 달성하기

이름 :

올해의 학습을 위한 하나의 주요 희망이나 꿈을 적어보세요.

....

가장 큰 잠재적인 도전 과제를 적어보세요.

....

가능하다면 어떤 위험을 감수할 수 있나요?

....

나의 목표	당신이 당신의 목표를 달성했다면 당신은 어떻게 알았을까요?
행동/관계	
지식	
기술	
태도	
기타	

〈Work Sheet 1-7〉 학습양식 설문지-Reichmann & Grasha

학습양식 설문지				
질문 내용	항상 그렇다	그렇다	그렇지 않다	항상 그렇지 않다
01. 나는 예습과제를 미리 충분히 읽는다.	4	3	2	1
02. 나는 공부할 내용을 스스로 결정할 수 있다.	4	3	2	1
03. 나는 수업시간에 다루어진 내용에 대해 개인적으로 교과서 이외의 자료를 찾아 공부한다.	4	3	2	1
04. 나는 교과서에 있는 내용은 다 옳다고 생각한다.	4	3	2	1
05. 공부할 중요한 내용을 결정하는 것은 선생님이라고 생각한다.	4	3	2	1
06. 학생들의 능력은 공부를 잘 하느냐에 따라 평가되어야 한다.	4	3	2	1
07. 내가 공부할 내용을 해결하는데 다른 친구들의 의견이 도움이 된다.	4	3	2	1
08. 나는 과제를 혼자 하는 것보다 여럿이 함께 하는 것을 좋아한다.	4	3	2	1
09. 공부 시간에 각자의 생각을 서로 나누고 이야기함으로써 많은 것을 배울 수 있다.	4	3	2	1
10. 나는 내가 다른 친구들보다 공부를 잘 했는지 알아보려고 한다	4	3	2	1
11. 나는 질문에 대해 다른 친구들보다 먼저 대답하려고 한다.	4	3	2	1
12. 나는 주어진 과제를 해결할 때 다른 친구들보다 더 잘하려고 한다.	4	3	2	1
13. 나는 열심히 배우겠다는 생각을 가지고 수업에 참여한다.	4	3	2	1
14. 나는 다른 흥미 있는 일이 있어도 우선 숙제를 한다.	4	3	2	1
15. 나는 수업시간에 선생님 말씀을 열심히 듣는다.	4	3	2	1
16. 나는 수업시간 중에 공부이외의 것을 생각한다.	4	3	2	1
17. 공부시간에 나를 시키지 않는 선생님이 좋다.	4	3	2	1
18. 나는 선생님의 눈에 잘 띄지 않는 곳에 앉고 싶다.	4	3	2	1

〈Work Sheet 1-8〉 학습양식 설문지-Connell

학습양식 설문지
01. 새로운 것을 배울 때 어떻게 배우고 싶나요? ① 선생님의 설명을 먼저 듣는 것 ② 선생님의 시연을 보는 것 ③ 내가 먼저 해보는 것
02. 쉬는 시간에 가장 하고 싶은 것은 무엇인가요? ① 재미있는 책, 만화책, 또는 잡지 읽기 ② 페인트칠, 색칠하기, 그림 그리기나 만화 그리기 ③ 레고나 블록 쌓기 또는 춤추기
03. 주말에 가장 하고 싶은 것은 무엇인가요? ① 친구와 카톡(SNS)하기 ② 악기 연주, 미술 활동 또는 음악 감상 ③ 운동하기
04. 전화번호를 기억하는 가장 좋은 방법은 무엇인가요? ① 전화번호를 반복해서 소리 내어 말하기 ② 숫자를 머릿속으로 그려보기 ③ 숫자를 공중에 써보기
05. 영화를 볼 때 가장 좋아하는 것은 무엇인가요? ① 주인공들이 서로에게 하는 말 ② 의상, 풍경, 특수효과 ③ 영화를 보는 동안의 내 안에서 느껴지는 다양한 감정
06. 이야기를 읽을 때 다음 중 어떤 일이 생기나요? ① 단어의 의미를 생각한다. ② 내가 읽고 있는 것에 대해 머릿속으로 그림을 그려본다. ③ 등장인물이 느끼는 감정을 느낀다.

07. 낯선 동물을 누군가에게 묘사할 때 어떤 방법을 선호하나요?
① 말로 설명한다.
② 그림으로 그린다.
③ 내 몸으로 동물을 따라한다.

08. 나는 다음 중 무엇을 해야 새로운 내용을 가장 잘 이해하나요?
① 생각하기
② 읽기
③ 새로운 내용을 해보기

09. 시간을 사용하는 가장 좋아하는 방법 중 하나는 무엇인가요?
① 음악 듣기
② 컴퓨터나 핸드폰으로 게임하기
③ 쇼핑하기

10. 누군가를 처음 만났을 때 어떤 내용을 가장 잘 기억할 수 있나요?
① 그 사람이 말한 것
② 그 사람이 입고 있던 것
③ 그 사람이 어떻게 행동했는지 또는 내가 어떻게 느꼈는지

[채점 방식] 각 항목의 모든 점수를 합산하여 여기에 기록하세요.
청각적 학습자: ①번 개수 × 10점 = (   )점
시각적 학습자: ②번 개수 × 10점 = (   )점
운동감각적 학습자: ③번 개수 × 10점 = (   )점

사람마다 다른 학습양식을 지니고 있습니다. 어떤 사람은 강한 학습양식 한 가지를 지니고 있을 수 있으며, 어떤 사람은 그 이상을 다양하게 지니고 있어 이를 활용하여 학습합니다. 나는 어떤 학습양식을 지니고 있나요?

〈Work Sheet 1-9〉 뇌유형 검사지-Crane

뇌 유형 검사지

※ 다음 문항을 읽고 자신을 가장 잘 표현하고 있는 것 하나를 선택하세요.

01. A: 위험한 상황에 도전하는 것을 즐긴다.
    B: 위험한 상황을 회피하는 편이다.

02. A: 익숙한 일을 늘 새로운 방식으로 하는 것을 좋아한다.
    B: 익숙한 방식이 문제가 없으면 바꾸지 않는다.

03. A: 여러 일을 동시에 하는 것을 좋아한다.
    B: 기존의 일을 끝마쳐야 새로운 일을 시작하는 편이다.

04. A: 일을 할 때 상상력을 활용하지 않는 편이다.
    B: 어떤 일을 하든지 상상력을 활용하는 편이다.

05. A: 다음에 일어날 일을 분석(하나하나 따져봄)을 통해 알 수 있다.
    B: 다음에 일어날 일을 감각적(느낌)으로 알 수 있다.

06. A: 어떤 문제를 해결하기 위한 최선의 방법을 찾고자 애쓴다.
    B: 어떤 문제에 대해 가능한 한 여러 가지 답을 찾고자 애쓴다.

07. A: 내 생각은 머릿속에 스쳐가는 그림과 같다.
    B: 내 생각은 머릿속에 스쳐가는 단어와 같다.

08. A: 다른 사람이 시도하지 않은 새로운 아이디어를 좋아하는 편이다.
    B: 다른 사람들보다 새로운 아이디어에 대해 의문을 갖는 편이다.

09. A: 다른 사람들은 내가 일을 어떻게 조직하는지 이해하지 못한다.
    B: 다른 사람들은 내가 일을 잘 조직한다고 생각한다.

10. A: 나는 자기조절을 잘하는 편이다.
    B: 나는 주로 기분에 따라 행동한다.

11. A: 시간 계획을 세워 일한다.
    B: 시간 계획을 세우지 않고 일한다.

12. A: 어려운 결정을 할 때 알고 있는 것을 근거로 선택한다.
    B: 어려운 결정을 할 때 느낌을 근거로 선택한다.

13. A: 쉬운 일을 먼저하고 중요한 일을 나중에 한다.
    B: 중요한 일을 먼저 하고 쉬운 일을 나중에 한다.

14. A: 새로운 상황에 처하면 너무 많은 아이디어가 떠오른다.
    B: 새로운 상황에 처하면 어떤 아이디어도 떠오르지 않는다.

15. A: 나는 삶에서 많은 변화와 다양성을 가져야 한다.
    B: 나는 순서적이고 잘 계획된 삶을 살아야 한다.

16. A: 근거를 통해 어떤 일이 옳은지 알 수 있다.
    B: 근거가 없더라도 어떤 일이 옳은지 알 수 있다.

17. A: 주어진 시간을 나눠서 일을 한다.
    B: 마감시간에 임박하여 일을 하는 것을 좋아한다.

18. A: 모든 물건을 정해진 장소에 보관한다.
    B: 하는 일에 따라 물건을 보관하는 장소가 다르다.

19. A: 나만의 계획을 세워야 한다.
    B: 다른 사람의 계획을 따를 수 있다.

20. A: 나는 매우 융통성 있고 예측불가능한 사람이다.
    B: 나는 일관되고 안정적인 사람이다.

21. A: 새로운 과제가 주어지면 나만의 해결방법을 찾고자 한다.
    B: 새로운 과제가 주어지면 최선의 방법이 무엇인지 다른 사람들로부터 듣고 싶어 한다.

[채점]
1, 2, 3, 7, 8, 9, 13, 14, 15, 19, 20, 21번 문항 A: 1점
4, 5, 6, 10, 11, 12, 16, 17, 18번 문항 B: 1점
총합: (   )점

[해석]

0~4점	5~8점	9~12점	13~16점	17~21점
강한 좌뇌형	좌뇌형	양뇌형	우뇌형	강한 우뇌형

〈Work Sheet 1-10〉 뇌유형 검사지-Connell

뇌 유형 검사지		
※ 다음 12개의 문항을 읽고 자신을 가장 잘 표현하고 있는 것 하나를 선택하시오.		
01. 나는 독서를 할 때,	종종 내 머릿속의 단어를 듣는다. (좌)	
	내 마음속에서 읽는 것을 본다. (우)	
	두 가지 모두 보고, 듣는다. (중)	
02. 나는 길을 안내할 때,	주로 어떻게 그곳에 도착하는지 말로 설명한다. (좌)	
	주로 지도를 그려 설명한다. (우)	
	나는 지도도 그리고 말로도 설명한다. (중)	
03. 나는 학교가 아닌 곳에 있을 때,	친구에게 카톡 보내는 것을 좋아한다. (좌)	
	운동하는 것을 좋아한다. (우)	
	두 가지(카톡, 운동) 모두를 좋아한다. (중)	
04. 나는 학교에서 작업을 할 때,	그리거나 색칠하는 활동을 좋아한다. (좌)	
	글 쓰는 활동을 좋아한다. (우)	
	그리기와 글쓰기 모두를 좋아한다. (중)	
05. 나는 단어를 외울 때,	소리 내어 반복하여 읽는다. (좌)	
	글자 자체를 기억한다. (우)	
	두 가지 방법 모두 사용한다. (중)	
06. 나는 선생님께서,	명확히 말로 설명하실 때 가장 잘 이해한다. (좌)	
	많은 그림, 도표, PPT를 사용할 때 가장 잘 이해한다.(우)	
	나는 언어와 그림자료를 모두 사용할 때 가장 잘 이해한다. (중)	
07. 약속시간까지 가야 할 때,	나는 대부분 제 시간에 도착한다. (좌)	
	나는 종종 늦는다. (우)	
	나는 때로는 늦고, 때로는 제 시간에 도착한다. (중)	

08. 나는 자유시간에,	독서하는 것을 좋아한다. (좌)	
	블록이나 점토로 만드는 것을 좋아한다. (우)	
	독서도 좋아하고, 만들기도 좋아한다. (중)	
09. 나는 자유시간에,	내가 좋아하는 책을 읽는 것을 좋아한다. (좌)	
	함께 퍼즐 맞추는 것을 좋아한다. (우)	
	독서와 퍼즐 맞추기 모두 좋아한다. (중)	
10. 나는	들은 것을 잘 기억한다. (좌)	
	본 것을 잘 기억한다. (우)	
	본 것과 들은 것을 모두 잘 기억한다. (중)	
11. 나는 태양계를 묘사하기 위해,	태양계에 관해 글로 쓰는 것을 좋아한다. (좌)	
	태양계의 모빌을 만드는 것을 좋아한다. (우)	
	두 가지 방법을 모두 좋아한다. (중)	
12. 나는 과제를 수행할 때,	주로 혼자서 작업하는 것을 좋아한다. (좌)	
	주로 그룹 활동하는 것을 좋아한다. (우)	
	혼자서 하는 것과 그룹으로 하는 것을 모두 좋아한다. (중)	

[채점] 각 응답에서 좌, 우, 중의 개수를 세어 기록하시오.
좌(좌뇌형) = (   )개
우(우뇌형) = (   )개
중(중간형) = (   )개

[해석]
한 영역에서 6-8개의 선호도를 보인다면 해당 영역에서 뇌 편향이다.
한 영역에서 9개 이상의 선호를 보인다면 매우 강한 뇌 편향이다.

도움을 주는 교육 정보

http://www.moe.go.kr

학생 개인정보 보호

교육부 홈페이지에서는 학생 개인정보 보호와 관련된 순회교육 자료를 제공하고 있다. 순회교육 자료는 교육부 홈페이지 메인화면 검색창에 '학생 개인정보 보호'라고 검색하면 찾을 수 있다. 개인정보 보호와 관련해서 주의해야 할 사항은 다음과 같다.

1. 부주의로 인한 개인 정보가 포함된 자료 업로드

2. 교육(행정)기관 개인정보 유출 사례

■ 원인 : 개인정보 관리 부주의로 게시판에 개인정보가 포함된 자료 업로드

• 엑셀의 셀 숨기기 기능을 이용하여 셀을 숨기고 게시판에 개인정보 게시

2. 개인정보를 제3자 제공 시, 정보주체의 동의 없이 무단 제공

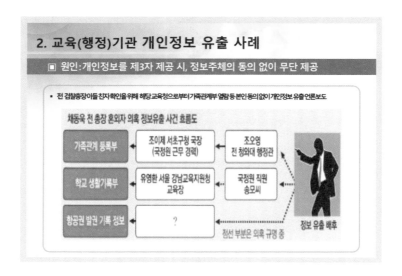

3. 개인정보취급자의 개인정보보호 인식 부족

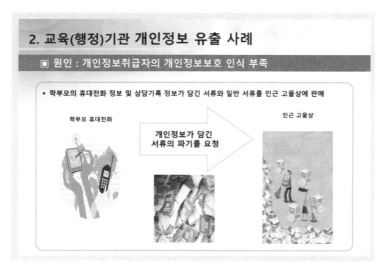

〈참조: 교육부〉

나를 알아가는 공부 방법이 필요해!

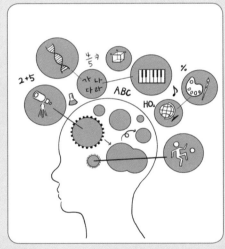

복잡한 머릿속을 어떻게
정리하면 좋을까?

효과적인 학습을 위해
학습전략이 필요하다!

즐거운 수업과 상반되는 결과로 힘든 최 교사

scene1

최 교사는 오늘도 수업 준비를 위해
열심히 노력하고 있다.

scene2

수업은 평소와 같이 즐겁게 이루어졌고,
최 교사는 자신의 수업에 만족했다.

scene3

그러나 수업 내용에 대한 평가 결과 학생들의
성취도는 만족할만한 수준이 아니었다.

scene4

자신의 수업에 자신감을 잃어가는 최 교사.
어떻게 해야 할까?

학습은 저절로 이루어지지 않는다

'내가 업무에 시달리면서도 야근을 불사하고 수업준비를 해왔는데, 그 결과가 이렇단 말이야?'

아무리 바쁘고, 시간에 쫓겨도 수업만큼은 확실하게 해왔다고 자부하고 있었다. 그런데 수행평가의 결과는 학급 아이들이 별반 성장한 것이 없는 것으로 나타났다.

'이대로 있어서는 안 되겠어. 내 수업에 어떤 문제가 있는 건지 한 선배랑 얘기를 좀 해봐야겠어.'

"선배. 오늘 우리 반 수행평가 결과 좀 보세요. 저는 나름대로 최선을 다해서 수업을 준비하고 가르쳤는데 결과가 이 모양이라니…."

"실망이 컸겠네. 내가 볼 때도 항상 열심히 수업하는 모습이라서 참 멋있었는데 말이야. 그런데 최 선생님 수업을 설계하고 진행할 때 가장 중요하게 생각하는 것이 뭐야?"

"저는 수업을 준비할 때도, 수업을 진행할 때도 '즐겁게 공부하는 것'을 가장 중심에 두는 것 같아요. 학생들이 수업에 흥미를 갖고 즐겁게 참여하면 학습이 이루어진다고 생각하거든요."

"즐겁게 공부한다. 그래, 그건 아주 중요한 부분이야. 학생들이 수업에 흥미를 갖지 못하면 학습이 이루어지기 어렵지. 그런데 그렇게 즐거운 수업을 해왔는데 평가 결과는 왜 만족스럽지 못한 걸까?"

"학생이 수업에 참여하는 모습과 학생의 내면에서 일어나는 학습이 직접적으로 연관되어 있지 않은 것 아닐까요?"

"그렇지. 역시 평소에 수업에 대한 고민을 많이 하던 사람이라 조금만 다르게 생각해도 바로 핵심을 집어내는군. 학습이라는 것은 매우 고차원적인 인지 활동이야.

놀이와 학습은 엄연히 다른 활동이라서 즐겁게 학습 자료를 사용하는 것이 학습으로 이어지지 않는다는 것이지. 다시 말해 놀이는 저절로 이루어질 수 있지만 학습은 저절로 이루어지지 않는다. 그러니 최 선생 반 아이들이 겉으로 봤을 때는 공부를 열심히 한 것처럼 보였지만, 사실 아이들 내면에서는 학습이 이루어지지 않았다고 할 수 있는 것이지."

"그렇다면 학생들 내면에서 학습이 이루어지게 하려면 무엇이 필요할까요? 학습이 고차원적인 인지활동이라면 어떤 방법으로 학습이 이루어지게 할 수 있나요?"

"그건 쉽게 대답하기 어려운 질문이지만, 한 마디로 얘기하자면 전략적인 사고 능력을 길러주는 것이 중요하다고 할 수 있어."

"전략적 사고 능력?"

"그래. 흔히 수업에서 전략이라고 하면 다양한 수업 방식이나 기술, 자료 같은 것을 먼저 떠올리겠지만, 여기에서 전략이라는 것은 '학생이 어떤 학습을 할 때 필요한 특정한 사고 능력을 적절하게 사용할 수 있는가'를 의미하는 것이지. 성공적인 학습자는 복잡한 학습 목표를 달성하기 위해 일련의 사고 전략을 만들고 사용한다고 해. 또 자신이 사용한 전략들 중 잘 적용되는 것들을 되돌아봄으로써 전략을 확장해 나가는 것이지. 이 과정에서 교사의 피드백과 지원이 필요한 것이고."

"자신이 사용한 사고 전략을 살펴보고, 되돌아본다는 건… 메타인지를 의미하는 것 같은데요?"

선배와 이야기를 나누며 학습하는 방법, 생각에 대한 전략을 고민한 적이 있었는지 되돌아보게 되었다. 생각해 보면 어린 아이 때부터 가장 많이 듣는 말은 "공부 열심히 해라."였다. 하지만 어떻게 공부를 해야 하는지, 어떻게 생각해야 하는지에 대한 안내나 지도를 받은 적은 없었다. 지금 우리 반 아이들도 학습하는 방법, 생각하는 방법, 공부하는 방법에 목말라 있는 것은 아닐까? 방법을 몰라 헤매는 아이들에게 제대로 된 방법을 안내해주지 못하고 흥미만 추구하게 했던 것은 아닐까.

성공적인 학습의 열쇠는 학생에게 있다

교육 이론이 발전해 오면서 학교교육의 모습은 많은 부분에서 변화해 가고 있다. 교육과정의 수립, 수업의 방식, 학생의 평가 등 학교교육에서 이루어지는 다양한 활동들은 새로운 이론의 등장과 쇠퇴에 발맞추기 위해 그 모습을 달리해 왔다. 하지만 교육 현장에서 벌어지는 잦은 변화는 우리나라 교육계가 교육의 본질을 망각한 채 유행만을 추구하는 모습으로 비춰져 비판의 대상이 되기도 한다.

이렇게 다양한 이론들이 적용되고 사라짐을 반복하고 있는 상황 속에서도 대다수의 이론들이 공통적으로 지향하는 교육의 모습이 존재하는데, 그것은 바로 학습자가 중심이 되는 학습이다. 과거의 교육이론들이 교육의 중심을 교사로 보고, 교사의 수준과 기술, 기능을 향상시키는 것에 관심이 있었다면, 오늘날에는 새로운 학습의 중심인 학습자의 역량과 수준을 어떻게 향상시킬 것인가에 관심이 집중되고 있다.

학습자가 중심이 되는 교육인 학습자중심교육이 추구하는 성공적인 수업은 학습자가 주도적으로 학습활동에 참여하고, 맥락을 경험함으로써 스스로 해석하고 지식을 구성해 나가는 수업이다. 즉, 성공적인 학습자중심수업을 위해 적극적이고 능동적인 학습자의 자세가 요구된다(Murdock et al, 2008).

성공적인 학습의 열쇠는 학생에게 있다.

능동적 학습

능동적 학습이란 학생이 수업의 목표를 인지하고 학습활동의 의미에 맞춰 수업과 학습활동에 자발적으로 참여하는 것을 의미한다. 기존의 교사 중심 수업에서 학생들은 교사가 하는 말을 듣고, 교사가 제시하는 자료를 보고, 잘 짜인 학습활동에 참여하는 방식의 수업을 듣는 수동적인 존재로 여겨졌다. 그러나 학습자중심교육에서는 학생을 스스로 학습에 대한 의지를 갖고 자발적으로 수업에 참여하는 능동적인 존재로 바라본다.

그렇다면 왜 능동적 학습이 강조되어야 하는가? 그 해답을 찾기 위해 잠시 수업 상황을 떠올려보자. 교사들은 수업의 목표와 학습 내용에 따라 다양한 학습 자료와 수업 기술을 사용하여 수업을 진행한다. 수업에서 사용되는 자료나 기술은 교사의 정보력, 교과에 대한 관심, 자료 활용 능력 등에 따라 자율적으로 활용되며 학생의 수준에 따라서도 차이가 있을 것이다. 그러나 수없이 다양한 방식으로 이루어지고 있는 수업들에도 공통점이 존재하는데, 그것은 모든 수업이 말과 글을 통해서 전달되고 있다는 것이다. 어떤 수업 자료나 수업 기술을 활용하더라도 말과 글을 사용하지 않는 수업은 존재하지 않는다.

이러한 사실이 의미하는 것은 무엇일까? 간단한 실험을 통해서 알아보고자 한다.

실험

지금부터 다음의 지시에 따라 머릿속으로 풍경을 연상해보기 바란다.

1. 호숫가에 집이 한 채 서있다.
2. 집 주변에 나무 몇 그루가 서있다.
3. 하늘에는 구름이 두둥실 떠가고 있다.

아래의 그림과 자신이 연상한 이미지가 같은지 확인해 보았을 때, 두 그림이 일치하는 사람은 아마 없을 것이다. 이 실험에서 독자들은 질문을 하거나, 서로 토의할 수 없이 제시된 글을 읽는 수동적인 상황에 처해 있었다. 이것이 말과 글을 통해 일방적으로 전달되는 정보의 한계인 것이다.

제시된 그림이 수업을 통해 학생들이 달성해야 할 목표라고 가정해 보자. 수동적인 학습의 상황에서 교사가 학생들을 수업 목표에 도달시키기 위해 할 수 있는 것은 그 모습을 묘사하고 설명하는 일이다. 그러나 이렇게 간단한 실험에서도 알 수 있듯이 학습자의 능동적인 참여가 배제된 형태의 수업에서 학생들을 수업의 목표에 도달시키는 것이 매우 어렵다.

이 실험을 다시 수업상황에 적용해 보자. 교사들은 교육과정에 제시된 내용과 그와 관련된 지식들을 말과 글을 통해 열심히 설명한다. 하지만 어떤 자료를 사용하고 어떤 기술을 발휘하더라도 교사가 일방적으로 전달하고 학생은 수동적으로 받아들이는 수업에서는 학생들의 학습이 온전히 이루어질 수 없다. 오직 학생 스스로 학습 내용의 의미를 이해하고자 노력하고, 불완전한 부분을 해결하려고 애쓰는 능동적인 학습자의 모습을 갖추었을 때 비로소 수업의 목적을 달성할 수 있는 것이다.

실험이미지
말과 글로 된 설명만으로 전달하는 것에는 한계가 있다.

이러한 맥락에서 학습자의 능동적인 수업 참여는 학습자중심교육에서 중요한 역할을 차지하고 있다. 학생이 수업의 목표와 공부할 내용을 인지하고 수업을 받아들일 준비가 되어있을 때 학습자가 수업의 주체가 된 학습자중심교육이 가능해지기 때문이다. 그렇다면 능동적 학습자를 기르기 위한 학습 전략에는 어떤 것들이 있을까? 이 책에서는 메타인지 향상을 통한 학습능력 신장에서 그 해답을 찾고자 한다.

메타인지

메타인지는 일반적으로 '인지에 대한 인지', 혹은 '사고에 대한 사고'라고 알려져 있으며, 좀 더 자세히는 '자신의 학습, 기억, 사고를 관리하는 데 필요한 능력'으로 정의된다. 이것은 특정 전략들의 사용을 통제하는 고등수준의 사고과정과 관련된 것으로 인간이 다른 동물들과 구분되는 하나의 기준이 되기도 한다.

메타인지를 통해 우리는 자신이 어떻게 학습하는지를 깨닫게 된다. 스스로의 학습을 관리하고, 학습에 필요한 것이 무엇인지 판단하며, 학습에 필요한 전략을 선택하여 적용시킬 수 있다. 메타인지 학습전략은 일반적으로 청소년기에 들어서면서 생겨나기 시작하는데, 메타인지 학습전략을 사용하는 청소년들은 학습에 높은 자신감을 보이는 특징이 있다. 또한 메타인지의 활성화는 학습과 자아에 대한 성찰을 유발하여 모든 연령대에서 효과적이고 독립적인 학습에 필수적인 요소로 평가되고 있다.

메타인지는 크게 두 가지 요소로 구성되는데 인지적 지식과 인지적 조절이 그것이다. 인지적 지식은 학습자로서 자기 자신에 대한 지식, 인지에 대한 인식과 그것을 활용하는 지식, 학습전략을 언제, 왜 사용하는지에 대한 지식을 의미하며, 인지적 조절은 계획하기, 모니터링하기, 조절 및 평가하기 등의 활동을 의미한다.

학습에서의 메타인지는 학생들이 자신의 사고를 인지하고 학습의 과정을 평가하며, 학습 전반을 조절하는 것을 말한다. 이는 곧 메타인지가 학습자의 의사결정을 돕고, 스스로의 학습을 평가하며, 개인의 학습 목표를 설정하는 데 중요한 역할을 수행한다는 것을 의미한다. 특히 학습자중심교육과 같이 학생의 능동적이고 적극적인 역할이 요구되는 경우, 학생들이 자신의 사고 과정과 학습 전략에 대해 인지하고, 사고를 조절하는 능력을 갖추는 것은 매우 중요하다.

메타인지 학습 전략 기르기

메타인지를 활용한 학습전략은 학생이 스스로 무엇을 공부하고 있는지, 무엇을 알고, 무엇을 모르는지 파악하는 것을 기본으로 한다. 앞서 '고민상황'에서 이 교사가 경험한 것과 같이 학생들과 수업을 하다 보면, 분명히 잘 이해한 것처럼 보이지만 그렇지 않은 경우가 많다. 이는 학생이 스스로 '무엇을 모르는지'에 대해 인지하지 못했거나 '안다고 착각'하기 때문이다. 우리가 만나는 대부분의 학생들은 시간표에 따라 책을 꺼내고 진도에 따라 선생님의 수업을 따라갈 뿐, 학습에 대해 깊이 있게 생각하려고 하지 않는다. 그들에게 공부는 하기 싫지만 어쩔 수 없이 해야 하는, 아니 '하는 척'해야 하는 것이며, 공부하라는 소리는 지겹도록 들어왔지만 어떻게 공부해야 하는지에 대해서는 배운 적이 없기 때문이다.

이렇듯 자신에 대한 인지, 학습에 대한 인지가 부족한 학생들에게 메타인지 학습전략을 지도하기 위해서는 자신의 생활패턴과 학습패턴에 대해 생각해 볼 기회를 제공하는 동시에 학습하는 방법에 대해 지도하는 것이 바람직하다. 이 장에서는 이러한 방식으로 메타인지를 향상시키는 다양한 방법을 소개하고자 한다. 본격적으로 메타인지 향상 방법을 소개하기 전에 교사가 꼭 알아두어야 할 사항은 다음과 같다.

첫째, 메타인지 향상 지도에서 가장 중요한 것은 학생 자신이 무엇을 하고 있는지를 명확히 인지하는 것이다. 이것은 모든 학습에 기본이 되는 것이지만 제대로 지켜지기 어려운 것 중에 하나이기도 하다. 특히 초등학생들은 교과서에 제시된 내용이 아닌 것에 대한 학습은 공부가 아니라고 인식하는 경우가 종종 발생하기 때문에 교사들은 이 점을 염두에 둘 필요가 있다. 지금 하고 있는 활동이 무엇을 위한 것이며, 교사가 학생들에게 어떤 점을 바란다는 것을 명확하게 제시하고 확인하는 것은 그 자체로 메타인지를 자극하는 동시에 메타인지 학습전략을 효과적으로 습득할 수 있게 할 것이다.

둘째, 메타인지를 개발하는 것은 어렵다는 점을 염두에 두어야 한다. 메타인지 자체가 고차원적인 사고과정이며 이것을 향상시킨다는 것은 학생들에게 힘들고 지루한 것으로 인식될 수 있다. 앞서 언급한 것처럼 대부분의 학생들은 스스로의 생활과 학습에서 나타나는 문제점에 대해 인식하고 있지 못한 경우가 많다. 교사들은 학생들에게 생활과 학습의 측면 모두에서 자신의 모습을 객관적으로 바라보고, 평가하는 경험을 제공해주어야 하며, 점차적으로 수준을 높이면서 학습 주제에 따른 전략을 습득할 수 있도록 안내하여야 한다. 가장 좋은 방법은 교사들의 생활과 수업에 메타인지 전략을 함께 적용하는 모습을 보여주는 것이다. 이는 메타인지 전략에 대한 학생들의 이해와 동기에 긍정적인 측면을 미칠 뿐만 아니라 학습자에 대한 교사의 이해를 높이는 데도 도움이 될 것이다.

메타인지란 자신의 사고를 관리하는 능력을 의미한다.

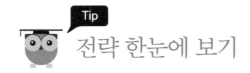

전략 1: 생활 계획하기

메타인지 능력을 '스스로의 사고과정에 대해 얼마나 잘 알고 있는가?'라고 정의했을 때 학생 스스로가 자신에 대해 얼마나 파악하고 있는지는 메타인지 능력을 파악하는 데 기본이 된다. 자신이 무엇을 하고 있고, 어떻게 생활하고 있으며, 무엇을 해야 하는지를 확인하는 데 가장 효과적인 활동은 생활계획표를 작성하는 것이다.

'생활계획표'라고 하면 흔히 방학을 하기 전 의무적으로 작성하는 방학 중 생활계획표나 학년 초 혹은 학기 초에 담임교사의 지시로 만드는 것이 일반적이다. 그러나 자신의 생활에 대한 성찰 없이 만들어진 계획표는 메타인지를 기르는 데 아무런 영향을 미치지 못할 뿐더러, 계획표 그대로 생활하기도 어렵다. 많은 교실에서 학기 초에 생활계획표를 만들곤 하지만 얼마 못 가 잊히는 경우가 많다. 그러나 자신의 생활 패턴을 파악하고, 자신에게 주어진 시간이 얼마나 되는지, 그 시간에 해야 할 일들은 무엇인지를 생각하면서 실용적이고 실현 가능한 계획표를 작성하는 것은 중요하다.

● 방법

① 자기가 조절할 수 없는 시간을 표시한다.

- 자신이 조절 불가능한 시간을 표시한다. 학교나 학원, 종교 행사 혹은 가족 행사와 같이 학생이 스스로 조절할 수 없는 시간을 의미한다.

② 자유롭게 활용할 수 있는 시간을 확인한다.

- 자신이 조절 불가능한 시간을 제외한 시간이 하루에 얼마나 존재하는지, 요일

별, 날짜별로 어떻게 다른지를 파악한다.

③ 공부하는 속도를 측정한다.

- 30분에서 40분 정도의 시간을 정해 놓고, 정해진 시간 동안 몇 페이지의 책을 읽는지, 몇 개의 문제를 풀 수 있는지 등을 측정하여 자신이 실행할 수 있는 양을 알아본다.

④ 쉬는 시간을 측정한다.

- 자신이 즐겨하는 여가 생활이나 취미 생활을 하면서 어느 정도의 시간을 투자해야 만족스러운지 확인하고, 평소에 자신이 얼마나 그것에 시간을 쓰고 있는지를 파악한다.

⑤ 활용 가능한 시간에 공부하는 시간과 쉬는 시간을 배치한다.

- 자신이 임의로 사용할 수 있는 시간을 공부하는 시간과 쉬는 시간으로 나누고, 공부 속도를 감안하여 현실적이고 구체적인 계획을 수립한다. 공부하는 시간은 조금씩 늘리고, 쉬는 시간을 조금씩 줄이는 방향으로 안내한다.

⑥ 매일 계획의 실행 여부를 확인하고, 스스로 피드백한다.

- 계획이 구체적이고 현실적일수록 지킬 수 있는 확률은 높아지며, 매일 스스로 피드백하고 수정·보완해 나가면서 자기 자신에 대한 이해를 높일 뿐만 아니라 개선방향을 탐색할 수 있는 기회를 제공한다.

〈참조: 공신 강성태의 강의에서 발췌 및 수정〉

이렇게 주간 계획표 작성을 꾸준히 반복함으로써 학생들은 스스로의 생활을 돌아보고 반성할 수 있으며, 부족한 부분을 채워나갈 수 있다. 매주 반복하는 것이 어렵다면, 한 달 혹은 격주로 작성할 수 있도록 하는 것도 좋은 방법이다.

| Work Sheet 블로그 | 주간 생활계획 세우기 | |

전략 2: 코넬 노트 필기

학습자의 수준을 높이고 메타인지 능력을 향상시키고자 하는 것은 결국 학생이 수업에 적극적으로 참여하여 학업의 성취를 이룰 수 있도록 하기 위함이다. 학습에서 메타인지가 요구되는 상황은 교과의 특성이나 학습 목표에 따라 다양하게 나타난다. 그 중 대부분의 교과나 학습 상황에 적용할 수 있는 것이 있는데, 바로 노트 필기이다. 교사라면 누구나 노트 필기에 신경 쓰고 있지만, 지도하고 확인하는 데 가장 어려움을 겪는 부분이기도 하다.

코넬 대학의 월터 파욱Walter Pauk 교수가 제시한 코넬 노트는 학습력 향상 효과를 인정받은 노트 필기 방식일 뿐만 아니라 학생들의 메타인지 능력을 향상시키는 것과도 관련이 있다. 코넬 노트에 대해서는 많은 교사들이 관심을 가지고 있으며, 이미 현장에서 많이 사용하고 있다. 그러나 사용 방식이 다양하고 일반화되어 있지 않아, 여기에서는 메타인지 능력을 향상시킬 수 있는 사용법을 제시하고자 한다.

● 방법

① 제목영역에 학습할 단원의 이름을 쓴다.

② 필기영역에 차시의 목표를 쓰고, 학습 활동은 선택적으로 기록한다. 제목영역과 필기영역은 수업 중에 기록하도록 하며, 학생이 필요하다고 생각하는 내용, 교사가 기록하도록 안내한 내용을 모두 적는다. 단서영역부터는 수업이 끝난 뒤, 쉬는 시간이나 하교 후에 복습을 하면서 작성하도록 한다.

③ 단서영역에는 수업이 끝난 뒤, 필기영역을 다시 한 번 보면서 수업의 내용을 회상하고, 그와 관련된 핵심 개념이나 질문을 간단하게 기록한다.

④ 요약영역에는 필기영역의 내용을 요약하고, 단서영역에서 가졌던 질문에 대한 답을 스스로 찾아 기록하여 스스로 학습에 대해 피드백한다.

코넬 노트 필기법 예시

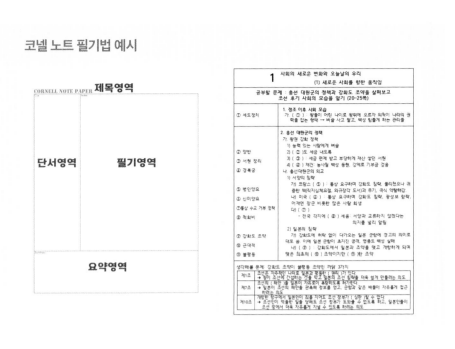

전략 3: 피드백Feedback

메타인지 능력을 향상하는 데 있어 학생의 수행에 대한 조언이나 안내를 제공하는 피드백은 매우 중요하다. 교사나 부모와 같이 학생의 학업 성취 정도와 학습 상황을 알고 있는 사람으로부터 피드백을 받는 경우도 있지만, 학생 스스로 셀프테스트Self-test를 통해 확인하는 방법이 가장 효과적이며, 교사나 부모의 피드백은 셀프테스트 이후에 받는 것이 좋다.

셀프테스트에는 크게 두 가지 방법이 있다. 첫째, 친구나 자기 자신에게 학습내용을 설명하는 것이다. 교육학자들이나 교육전문가들은 학습자가 공부한 내용을 "알고 있다."라고 말할 수 있는 기준을 그 내용을 타인에게 설명할 수 있는지 여부에 두고 있다. 학습자가 수업을 듣거나 책을 읽어서 알게 된 지식은 그 순간 알고 있는 것으로 느껴질 수 있지만, 그것은 뇌에서 일어나는 착각으로, 실제 알고 있는 것과는 차이가 존재한다. 어떠한 내용을 안다는 것은 그것을 설명할 수 있고, 그것을 이용하여 다른 문제를 해결할 수 있는 수준에 도달했을 때를 의미한다(강충열 외, 2019).

또 친구에게 설명하기는 학습자의 메타인지 능력 향상에 도움을 줄 뿐만 아니라 학생들의 수업태도 개선과 교우관계 개선에도 도움이 된다. 특히 학원에서 선행학습을 받은 학생들의 경우 학습 내용을 이미 알고 있는 것으로 착각하는 경우가 많은데, 친구나 교사에게 설명하는 활동을 통해 자신이 진짜 그 내용을 알고 있는지, 아니면 익숙한 느낌을 '안다'고 착각한 것인지를 판단할 수 있는 기회를 제공한다.

또래교수법은 메타인지 향상에 큰 효과를 미치는 방법이다.

둘째, 백지복습 방법이다. 인터넷 기사나 방송, 유튜브 영상 등에서 알려져 유명한 백지복습은 학습자가 실제로 얼마나 학습했는지를 판단할 수 있는 좋은 방법이다. 백지복습은 저학년부터 꾸준히 실행하는 것이 좋은데, 그 이유는 저학년의 경우 학습하는 내용이 많지 않고, 그 수준이 학생의 인지 발달 수준과 비슷하여 백지복습에서 성공의 경험을 맛볼 수 있는 기회가 많기 때문이다. 저학년부터 이어진 성공의 경험은 학생들이 학습에 대해 긍정적인 태도를 형성하도록 하고, 백지복습에 대한 거부감을 줄일 수 있다.

반면 고학년의 경우 백지복습을 시도할 때 세심한 배려가 필요하다. 학생에 따라 학습부진이나 선행학습 결손이 있는 경우가 많고, 학습내용이 비교적 많기 때문에 처음부터 백지복습을 시도하는 것은 학생의 학습 의지를 저하시킬 수 있다. 따라서 학생이 원하는 과목을 선택할 수 있게 하거나, 하루에 공부한 시간 중 한두 차시를 선택적으로 실시하도록 하고, 점점 그 횟수와 범위를 늘려가는 것이 좋다.

Work Sheet 블로그	백지복습 양식	📁
Work Sheet 블로그	바라보고, 들여다보고, 기대하기!	📁
Work Sheet 블로그	무엇을 배웠나?	📁

전략 4: 그래픽 구성도구 Graphic Organizer

그래픽 구성도구는 학생들이 복잡한 개념을 이해하고 그것을 오랫동안 기억할 수 있도록 도와주며, 학습내용에 대한 학생들의 사고를 더욱 명료하게 만들어주는 도구이다. 또 그래픽 구성도구를 활용함으로써 학생들은 학습에 필요한 주요 기술이나 전략을 학습할 수 있는데, 순서 정하기, 비교 및 대조하기, 분류하기 등이 이에 해당된다. 그래픽 구성도구는 흔히 학습지라고 부르는 워크시트Work Sheet의 형태로 제작되어 있으며 수업의 목표, 과목의 특징에 따라 다양하게 사용되고 있다. 벤 다이어그램, 마인드맵 등을 기본 형태로 하며, 필요에 따라 여러 가지 모습으로 구성되기도 한다.

수업에서 그래픽 구성도구를 사용하기 위해서는 교사의 지도가 필요하다. 학습

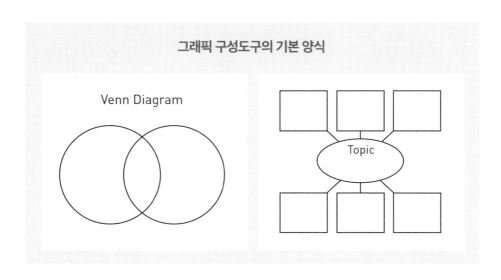

그래픽 구성도구의 기본 양식

Venn Diagram

Topic

지를 나눠주고 "자, 완성해보자."라고 하는 것은 학생의 메타인지 발달에 도움을 줄 수 없다. 그래픽 구성도구 사용의 취지를 살리기 위해서는 다음과 같은 단계에 걸친 지도가 필요하다.

• **그래픽 구성도구 도입 방법**

① 교사의 시범

   - 교사는 최대한 자세하고 천천히, 그리고 목적이 무엇인지를 반복적으로 이야 기하면서 그래픽 구성도구 사용방법을 안내한다.

② 모둠활동에 사용

   - 이미 많은 교사들이 모둠활동에서 학습지의 형태로 그래픽 구성도구를 사용 하고 있지만, 결과물의 내용보다 양식과 형식, 꾸미기에 관심을 두는 경우가 많다. 이것은 지양해야 할 태도이며 모둠활동 중에 순회 지도를 하는 것은 필 수적이다.

③ 개인활동에 사용

- 학생들은 저마다 메타인지의 수준이 다르며, 선호하는 학습 방법 또한 차이가 있다. 모둠활동을 통해 여러 가지 그래픽 구성도구에 대한 학습이 이루어진 후에는 학생 개인이 선호하는 방식과 사고 체계에 따라 그래픽 구성도구를 선택할 수 있게 하는 것이 좋다.
④ 학생이 새로운 그래픽 구성도구를 제작하거나 기존의 것을 수정·보완
- 그래픽 구성도구의 사용에 익숙해진 학생들은 수업 목표나 학습 내용에 따라 적절하게 도구를 보완할 수 있다. 그러나 초등학교 수준에서 이 단계는 이상적인 상황이며, 가능하다면 시도해볼 수 있는 단계로 제시한다.

그래픽 구성도구는 한 단원이나 수업을 시작하는 단계에서 학습할 내용을 예상하는 활동과 수업의 중간에 학습 내용을 정리하거나 마무리 단계에 학습한 내용을 정리하는 활동에 이르기까지 다양하게 활용할 수 있으며, 수행평가의 도구로 사용되어 학생들의 고차원적 사고를 확인하는 데 도움을 준다. 이렇게 그래픽 구성도구를 활용한 학습은 학생들이 공부할 내용을 예상하게 하고, 공부한 내용을 정리하고 회상하는 과정에서 학습자의 메타인지를 자극시켜 학습자의 수준을 향상시킬 수 있다.

● **그래픽 구성도구별 사용방법**
① 거미줄 지도
- 거미줄 지도는 주제를 분석하는 활동에 적합한 그래픽 구성도구이다. 활동지의 중심에 학습 주제를 기록하고, 주제를 중심으로 나누어진 구역에 주제에 대한 학생의 생각과 느낌, 주제에 대한 정보 등을 작성한다.
- 학습 주제와 함께 제시되는 학습 요소들을 분류하여 주제에 대한 분석적 접근이 용이한 그래픽 구성도구이다.

Work Sheet 2-1	거미줄 지도	📁

② 개념 지도

  - 개념 지도는 브레인스토밍에 적합한 그래픽 구성도구이다. 학습 주제와 그에
    관련된 큰 개념들, 큰 개념들과 연관된 작은 개념들을 기록하여 학습 주제의
    전체적인 구조를 파악하는 데 도움을 줄 수 있다.

Work Sheet 2-2	개념 지도	📁

③ 개념 바퀴

  - 개념 바퀴는 ①의 거미줄 지도와 유사한 형태로 핵심 개념에 대한 분석이나
    핵심 개념에 대한 보조 개념의 분류 활동에 사용할 수 있다.
  - 바퀴 모양으로 구성되어 있어 거미줄 지도와는 달리 반복되거나 순환되는 학
    습 주제를 분석하는 데 용이하다.

Work Sheet 2-3	개념 바퀴	📁

④ 순환 고리

  - 순환 고리는 사건의 순서를 파악하거나 반복되는 사건의 개요를 파악하는 활
    동에서 사용 가능한 그래픽 구성도구이다.
  - 또한 생활 속에서 반복적으로 발생하는 문제 상황이나 문제 행동을 분석해보
    고, 그에 대한 해결책을 발견하는 학습에서 활용하기 용이한 도구이다.

Work Sheet 2-4	순환 고리	📁

⑤ 흐름도

    - 흐름도는 일상적인 학습 상황에서 많이 사용되고 있는 것으로, 수식이나 개념을 도출하는 순서를 생각해 보고, 학생 스스로 그 원리를 파악하는 학습 활동에 활용할 수 있다.

Work Sheet 2-5	흐름도 1	📁
Work Sheet 2-6	흐름도 2	📁

⑥ 연결 짓기

    - 연결 짓기는 원인에 따른 결과를 분석하는 데 적합한 그래픽 구성도구이다. 국어 지문을 분석하거나 사회적, 도덕적 현상에 대한 개념을 학습할 때 사용할 수 있다.

Work Sheet 2-7	연결 짓기	📁

⑦ 피쉬 본

    - 피쉬 본은 탐구활동 학습에 적합한 그래픽 구성도구로써 문제를 해결하기 위한 준비물, 실험과정, 실험결과, 문제점 및 개선점 등을 기록할 수 있으며 과정중심 평가의 도구로 활용할 수 있다.

Work Sheet 2-8	피쉬 본	📁

⑧ 타임라인

    - 타임라인은 시간의 수직선 위에 사건의 발단과 전개, 결과 등을 기록하여 텍

스트와 현상에 대한 이해도를 높일 수 있다.

- 또한 역사적 사건을 학습하는 데 연표로 사용하여 학생들의 자발적인 학습
  참여와 이해를 높일 수 있는 그래픽 구성도구이다.

Work Sheet 2-9	타임라인	📁

⑨ Y-차트

- Y-차트는 새로운 개념이나 물건, 어휘를 처음 학습할 때 유용하게 사용할 수
  있는 그래픽 구성도구이다. 'Y' 형태로 구분된 학습지에 '무엇처럼 보이는지',
  '어떤 느낌인지', '무엇처럼 들리는지' 등과 같이 범주화된 브레인스토밍이
  가능하며, 학습할 내용에 대해 깊게 생각할 수 있는 기회를 제공한다.

Work Sheet 2-10	Y-차트	📁

⑩ T-차트 & 벤다이어그램

- T-차트, 벤다이어그램은 학습 주제를 기준으로 분석하거나, 주어진 학습 자
  료를 분류하는 데 사용할 수 있는 그래픽 구성도구이다. T-차트가 하나의 기
  준을 중심으로 다양한 사례나 개념을 구분하는 것이라면, 벤다이어그램은 둘
  이상의 사례나 개념들이 형성하고 있는 관계를 분석하는 데 활용할 수 있다.

Work Sheet 2-11	T-차트	📁
Work Sheet 2-12	벤다이어그램	📁

⑪ 무게 재기

- 무게 재기는 도덕적 판단이나 기회비용의 판단이 요구되는 학습 활동에 유용하게 사용할 수 있는 그래픽 구성도구이다. 어떤 선택이 옳은 선택인지, 선택을 할 때 무엇을 기준으로 삼아야 하는지 등에 대해 시각적으로 표현하기 위하여 학습자의 메타인지를 요구하는 활동이다.

Work Sheet 2-13	무게 재기	🗀

⑫ 러닝툰Learning toon그리기

- 러닝툰 그리기는 학습 전 학습할 내용을 예상하여 그림으로 나타내거나 학습 후 학습한 내용을 떠올리며 그림으로 나타낼 수 있는 그래픽 구성도구이다. 글로 작성하는 데 어려움을 느끼는 학생이나 저학년 학생을 대상으로 예상하기, 복습하기 활동에 유용하게 활용할 수 있다.

Work Sheet 2-14	러닝툰 그리기 1	🗀
Work Sheet 2-15	러닝툰 그리기 2	🗀

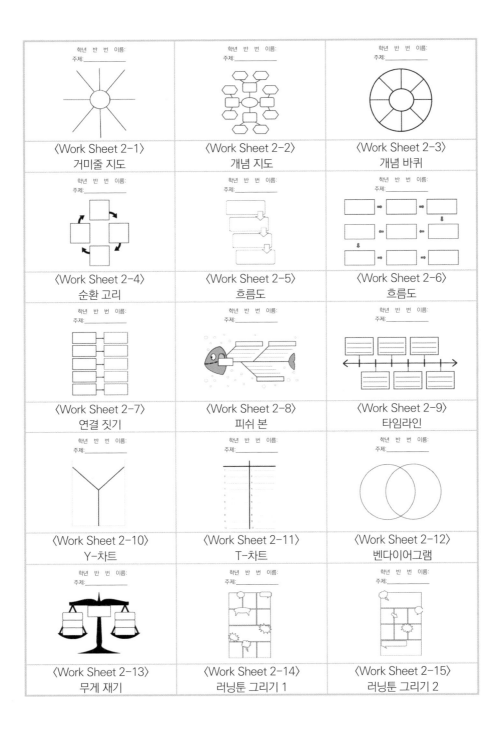

〈Work Sheet 2-1〉 거미줄 지도	〈Work Sheet 2-2〉 개념 지도	〈Work Sheet 2-3〉 개념 바퀴
〈Work Sheet 2-4〉 순환 고리	〈Work Sheet 2-5〉 흐름도	〈Work Sheet 2-6〉 흐름도
〈Work Sheet 2-7〉 연결 짓기	〈Work Sheet 2-8〉 피쉬 본	〈Work Sheet 2-9〉 타임라인
〈Work Sheet 2-10〉 Y-차트	〈Work Sheet 2-11〉 T-차트	〈Work Sheet 2-12〉 벤다이어그램
〈Work Sheet 2-13〉 무게 재기	〈Work Sheet 2-14〉 러닝툰 그리기 1	〈Work Sheet 2-15〉 러닝툰 그리기 2

도움을 주는 교육 정보
http://www.ggoomggi.go.kr/

자유학기제 지원 센터

1. 자유학기제 지원 센터 소개

자유학기제는 중학교 과정 중 한 학기 또는 두 학기 동안 지식·경쟁 중심에서 벗어나 학생 참여형 수업을 실시하고 학생의 소질과 적성을 키울 수 있는 다양한 체험 활동을 중심으로 교육과정을 운영하는 제도이다. 자유학기제의 운영과 확산으로 인해 최근 초등학생들에게도 자유학기제는 관심의 대상이 되고 있지만, 초등학교 교사들은 자유학기제에 대한 기본적인 정보가 부족한 상황이다. 자유학기제 지원 센터는 자유학기제 정책의 소개와 관련 자료, 행사 등의 정보를 제공하여 중등교사 뿐만 아니라 초등학교 교사들도 학생, 학부모와 상담 시 유용하게 활용할 수 있다.

자유학기제

2. 자유학기제 소개

자유학기제 기간 동안 이루어지는 학교생활은 크게 교과수업과 자유학기 활동으로 나눌 수 있다. 오전에는 주로 국어, 영어, 수학, 사회, 과학 등의 주지교과를 중심으로 한 교과수업이 이루어지며, 오후에는 진로탐색 활동, 주제선택 활동, 예술·체육 활동, 동아리 활동 등 자유학기 활동이 이루어진다.

자유학기제 기간 동안 교과수업은 토론, 실험·실습, 프로젝트 학습 등 전 과정에 학생이 주도적으로 참여하는 방식으로 진행되기 때문에 교과 내, 교과 간 교육과정 재구성과 수업 방법의 개선이 필수적이다. 이에 대한 평가는 관찰평가, 자기성찰평가, 포트폴리오평가, 수행평가 등을 통해 이루어지며 기존의 학력위주 평가는 이루어지지 않는다.

3. 진로체험 지원

자유학기 활동의 핵심이라고 할 수 있는 진로탐색 활동과 관련하여 진로체험처를 확보하는 것이 중요한데, 자유학기제 지원 센터에서는 다양한 진로체험처와 학교를 연결시켜주고 있다.

비법 3

마음이 행복해지는 교실_심리적 환경

▼

교실은 학생들이 소속감을 느끼고
팀으로써 활동할 수 있는
공간이 되어야 한다.

▼

학생들에게 교실에서만큼은
물리적·심리적으로 안전하다는
믿음을 줄 수 있어야 한다.

공동체의식이 부족한 학급을
어떻게 이끌어야 할지 암담한 이 교사

scene1

이 교사는 수업 시간에
모둠으로 활동하는 것을 선호한다.

scene2

모둠활동이 잘 되고 있는 것일까? 아이들 간
감정의 골이 깊어지고 있는 것은 아닐까?

scene3

"선생님 저는 모둠활동이 재미없어요."
어떤 학생들은 친구들과의 관계에
어려움을 겪는다.

scene4

학급을 하나의 공동체로
만들 수 는 없을까?

팀빌딩과 교사의 리더십

'한 학기가 시작된 지 벌써 두 달이나 지났는데도 일반적인 모둠활동을 같이 하고 싶어 하지 않을 만큼 서먹한 아이들이 있다니, 내가 너무 무심했구나.'

그 학생 뿐만이 아니었다. 어떤 학생은 자기주장이 강하고 고집이 세서 무조건 자기가 리더가 되어 모둠활동을 주도하는 친구 때문에 힘들어 하고 있었고, 반대로 자기는 열심히 하려 하는데 다른 친구들이 무관심한 태도를 보여 스트레스를 받는 학생도 있었다. 어떤 학생은 모둠활동에서 가만히 있어도 다른 친구들이 알아서 모든 활동을 해서 결과물이 나오기 때문에 자신은 그냥 다른 생각을 한다고도 하였다. 또 자신과 친한 친구가 다른 모둠으로 옮겨가서, 혹은 자신과 사이가 좋지 않은 친구가 같은 모둠이어서 모둠활동을 할 때 열심히 하지 않게 된다고 말하는 친구도 있었다.

형식적으로 이루어지고 있는 모둠활동의 문제점을 어떻게 해결하면 좋을지 의논하기 위해 다시 한 선배의 반을 찾았다.

"오늘 우리 반 아이들이 모둠활동을 하는데 자세히 들여다보니 전혀 활동에 참여하지 않는 아이들이 보이는 거예요. 그래서 그 이유를 물었더니 아직 서로 불편하고 친하지 않다고 생각하고 있더라고요."

"모든 아이들이 서로 다 친하게 지낼 순 없는 거 아닌가? 그게 큰 문제가 되는 걸까?"

"하지만 같은 반으로 만나서 일 년을 같이 살아가는 동반자인데, 자기의 생각을 이야기하고 친구의 생각을 들어주는 것조차 하지 못한다는 것은 문제라고 생각해요."

"음, 듣고 보니 그 정도라면 학급 운영이 어려워질 만한 문제군. 자네는 자네 반 아이들과 학급 적응 활동을 꾸준히 해왔나?"

"학급 적응 활동이요? 그거야 생활 습관 형성 주간에 조금씩 운영했죠. 교과 진도도 빠듯한데 거기에 투자할 시간이 많지 않았어요."

"그렇다면 학기 초에 몇 시간 투자한 뒤로 공식적인 학급 적응 활동은 하지 않은 것이군?"

"네, 그렇죠. 애들이 쉬는 시간이나 점심시간에 같이 놀고 밥 먹으면서 친해지는 것 아닌가요? 당연히 시간이 지나면 점점 친해질 거라고 생각했는데…."

"난 학생들이 놀면서 서로 친해지고 유대관계를 쌓는 것이 그대로 학습에 전이될 것이라고 생각하진 않아. 모둠활동이든 전체 활동이든 한 가지 목표를 정하고 그것을 달성하기 위해서는 학생들이 '나와 친구' 같은 개별적 관계가 아니라 하나의 팀이 되어 움직여야 하지."

"팀이요?"

"응, 조직보다는 작지만 개인보다는 더 큰 단위를 보통 팀이라고 하는데, 학급은 학교라는 조직 안에 있는 하나의 팀이라고 볼 수 있어. 학급 구성원들은 팀원으로써 자신의 역할, 친구의 역할을 인식하고 공동체의식을 바탕으로 협업을 할 수 있어야 하는 것이지. 이런 활동을 팀빌딩이라고 하는데 들어봤나?"

"네, 하지만 팀빌딩은 주로 기업이나 조직에서 어른들을 대상으로 하는 것 아닌가요?"

"팀빌딩의 시작은 그렇지만, 학급을 팀으로 인식하고 학생들의 역량과 관계를 향상시키는 활동으로도 많이 활용되고 있다네. 이런 과정은 일회성의 이벤트가 아니라 꾸준히 이루어져야 하고, 교사는 팀의 리더로서 역할을 수행하기 위해 적절한 교사리더십을 발휘해야 하는 것이지."

"팀빌딩과 교사의 리더십이라… 정말 우리 직업은 끝없는 공부의 연속이네요. 그냥 아이들이 좋아서, 선택한 직업이었는데 보통 사람이 할 일이 아닌 것 같아요."

"그렇지. 섣불리 덤볐다가는 큰 코 다치기 쉬운 일이야. 하지만 이 일이 어렵다는 걸 알았다는 것 자체가 큰 발전이라고 생각하네."

"감사합니다. 선배님. 앞으로도 많은 도움 부탁드려요."

학습을 위한 심리적 환경

학교는 학생들이 처음 접하는 사회로 가족과 친지를 떠나 타인과 관계를 맺고 사회성 형성을 시작하는 장이다. 학생들은 학년이 올라가면서 점점 학교에서 머무는 시간이 늘어나고, 가정에서 보내는 시간보다 더 많은 시간을 학교에서 보내게 된다. 그만큼 학교, 특히 학생이 생활하는 학급의 환경은 그들이 세계관을 형성하고 자아를 인식하는 데 큰 영향을 미친다고 할 수 있다.

심리적 환경이란 학생이 학교 및 학급에서 느끼는 기분이나 분위기를 형성하는 데 영향을 미치는 것을 의미한다. 성공적인 학습자중심교육을 위한 심리적 환경은 기본적으로 학습자에게 안정적이고 차분한 안전감을 제공해야 한다. 학습자중심교육의 전제 조건인 학생의 능동적인 학습 참여가 이루어지기 위해서는 학급이라는 장소와 학급 구성원과의 관계가 자신에게 긍정적이고 개방적인 태도를 보이고 있다는 신뢰가 형성되어 있어야 하기 때문이다.

학급의 심리적 환경을 조성하는 것은 크게 교사와 학생의 역할로 나누어 생각해 볼 수 있다. 교사의 애정, 관심, 정서적인 지지와 같은 온정적인 태도와 행동뿐만 아니라 지시 또는 관여, 거부 등과 같은 지시적인 태도는 학급의 분위기를 통해 심리적 환경으로 자리 잡는다. 또한 학급에서 함께 생활하는 친구들 간의 관계는 친화, 수용, 포용 등과 같은 긍정적 요소와 배타, 거부, 단절 등과 같은 부정적 요소로 나타나 학급의 심리

안정적이고 따뜻한 분위기가 필요하다.

적 환경을 형성하는 것에 상당한 부분을 차지한다. 교사가 어떤 교육관을 가지고 무엇을 핵심가치로 삼아 학급을 운영하는지, 또 어떤 친구와 어떤 관계를 맺고 있는지에 따라 학습자 개인이 학급에서 느끼는 안정감, 학습의지, 행복감 등이 크게 좌우된다. 대부분의 경우 학년이 올라갈수록 교사의 영향력보다는 교우관계에서 유발되는 심리적 환경이 더 큰 영향을 미치는 모습을 보이기도 한다.

이처럼 학급의 심리적 환경을 구성하는 요인은 크게 교사와의 관계와 교우 간의 관계로 나누어 생각해 볼 수 있다. 먼저 교사와 학생과의 관계에서 중요한 것은 교사의 역할이다. 이것은 너무나 당연한 말처럼 보이겠지만, 실제 현장에서 교사가 학생들 모두에게 동등한 교사의 역할을 수행하고 있는지를 생각해 보면, 그리 쉬운 일은 아니라는 것을 알 수 있다. 우리는 이런 교사의 역할을 교사 리더십을 통해 설명하고자 한다. 교사는 학교 조직을 구성하고 있는 구성원인 동시에 학급을 이끌어가는 리더로서의 역할을 함께 수행한다. 교사에게 요구되는 리더십이란 무엇인지, 리더십을 발휘하는 방법들에는 어떤 것들이 있는지, 나의 리더십은 어떤 모습인지에 대한 고민을 통해 교사와 학생의 관계가 더욱 신뢰하는 관계로 발전할 수 있을 것이다.

교사가 리더가 되어야 한다.

다음 변수는 교우 간의 관계이다. '우리 아이는 착하고 성실한데, 친구를 잘못 만나서….'라는 말이 농담처럼 전해 오는 것처럼 교우 관계는 학생의 학습뿐만 아니라 생활 전반에 큰 영향을 미치는 요인이다. 요즘 학교 현장에서는 학급 내 편 가르기와 세력 다툼이 심해지고 있으며 저학년에서도 점점 자주 발견되고 있다. 이러한 현상은 교사의 생활지도를 어렵게 만들 뿐만 아니라 앞서 고민 상황에서 살펴본 것과 같이 학습 활동의 운영에도 큰 영향을 미친다.

교우 관계의 개선이 요구된다.

무엇이 문제일까? 원인을 발견하면 해결할 수 있을까? 경험적으로 알 수 있듯이 교우 관계에서 발생하는 갈등의 원인은 다양하며 어떤 경우에는 해결이 불가능한 것으로 보이는 경우도 있다. 고유의 개성으로 똘똘 뭉쳐 도무지 예측이 불가능한 존재로 보이지만, 그럼에도 아직 무한한 가능성과 상상력, 발전 동력을 가진 존재가 우리의 고객들이기 때문이다. 우리는 교우 관계에 있어 이해와 협동을 바탕으로 신뢰를 구축하는 방법으로서 팀빌딩을 소개하고자 한다.

팀빌딩은 교육계에서는 다소 낯선 개념이지만 기업의 경영이나 일반 행정에서는 오랫동안 연구되고 적용되어온 것이다. 학급을 하나의 팀으로 만들어나가는 활동, 하나의 목표를 제시하고 그것을 달성하기 위해 노력하는 과정에서 팀 활동의 중요성과 팀원으로서의 역할을 인식할 수 있다. 그리고 그 안에서 벌어지는 상호작용은 학급 학생들의 공동체 의식과 팀 의식을 신장시켜 교우 관계의 신뢰를 회복하고, 안정적인 심리적 환경을 만드는 기반을 제공할 수 있다.

팀빌딩을 통한 공동체의식 향상

교사 리더십의 필요성과 의미

리더십은 조직을 이끌어가는 리더의 역할에 대한 것으로서 매우 다양한 방식으로 정의될 수 있다. 리더십에 대한 여러 가지 정의들을 종합해보면, 리더십이란 '조직의 리더가 그 구성원들로 하여금 조직의 목표를 달성하기 위해 그들의 능력과 기술, 노력을 집중할 수 있도록 영향력을 발휘하는 과정'이라고 할 수 있다. 우리가 몸담고 있는 학교조직에서는 리더십의 주체가 학교장으로 인식되는 경우가 많은데 이는 반은 맞고, 반은 틀린 것이다.

교장이 발휘하는 리더십의 대상은 학생, 교사, 학부모, 지역사회인 등 학교 공동체를 구성하는 대상들이며 가장 큰 영향을 받는 대상은 '교사'들이다. 반면, 교사는 학교라는 조직의 구성원이며, 학급과 수업이라는 조직의 관리자이자 운영자인 동시에 학생, 교사, 학부모 등 다양한 대상과 인간관계를 맺는 관계자이다. 그리고 가장 중요하게는 학생을 지도하는 핵심적인 교육주체이다. 교사 리더십은 바로 이러한 역할을 수행하는 교사가 발휘하는 실천 역량이라고 할 수 있다.

교사가 교실에서 만나는 학생들은 점점 개인의 주장이 강해지고 있으며 요구 또한 다양해지고 있다. 이렇게 많은 학생들과 한 교실에서 수업하고 있는 우리의 교육 여건에서 학생들의 눈과 귀와 마음을 한 방향으로 이끌어 가면서 주어진 학습목표를 즐겁게 성취해 나가고 바르게 생활할 수 있도록 지도하기 위해서는 교사의 지도력이 요구된다(김옥희 외, 2005).

우리가 지향하는 학습자중심교육의 실천에 있어 더욱 실제적인 영향

교사와 학생의 래포rapport 형성이 중요하다.

을 미치는 것은 각 학급에서 교사가 학생들을 대상으로 발휘하는 교사의 리더십인 것이다.

교사 리더십에 대한 연구에서 나타나는 정의를 종합해보면 '교사가 자신을 계발시켜 전문성과 창의성, 자발성을 갖고, 이를 학생들에게 전이될 수 있도록 도와 학생 개개인 안에 잠재된 능력을 일깨워주어 서로 좋은 인간관계를 갖도록 돕는 전인교육적 활동'이라고 할 수 있다. 즉, 교사 리더십은 교사 자신의 성장을 위한 노력을 기반으로 학생들의 잠재능력을 끌어내고 원만한 인간관계를 맺을 수 있도록 지원하는 과정을 의미한다. 이상의 내용을 중심으로 학교장의 리더십과 교사의 리더십을 정리하면 다음과 같다.

학교장 리더십과 교사 리더십 비교

구분	학교장 리더십	교사 리더십
주체	교장	교사
대상	교사(주)*, 학생, 학부모, 교육행정기관, 지역사회 등	학생(주), 동료교사(상하수평), 학부모, 지역사회 등
관계영역	학교경영, 교육 등	수업지도, 생활지도, 학급/조직 경영, 동료교사 관계, 학부모 관계 등
특성	management+ relation	teaching + management + relation
목적	학교 효과 향상	교육의 질적 효과 향상 교사 문화, 학부모 문화의 변화
관계특성	성인과 성인(교사)	성인과 미성년 교육수요자(학생) 성인과 성인(동료교사) 성인과 성인 교육수요자(학부모)

* (주)는 보다 중심이 된다는 의미임.
〈참조: 정광희 외(2008). 한국 교사의 리더십 특성 연구.〉

학급 내 교사 리더십의 촉진

훌륭한 교사의 리더십은 어떤 모습이어야 할까? 이미 눈치 챘을지 모르지만 이상적인 교사 리더십의 모습을 제시하기란 쉬운 일이 아니다. 한 사람의 교사마다 자신만의 고유한 특성과 특기가 있고, 근무하고 있는 학교는 각기 다른 환경에 처해 있으며, 학급의 학생들은 단 한 명도 똑같은 사람이 존재하지 않기 때문이다. 이토록 고유성과 개별성이 높은 상황에서 모든 근무환경에 적용 가능한 교사 리더십은 존재하지 않는다. 다만 교사 리더십을 촉진시킬 수 있는 방법을 살펴봄으로써 교사 스스로 자신에게 적합한 리더십을 발견하고 발전시켜 나가야 한다.

첫째, 학급의 문제점과 약점 그리고 기회를 파악해야 한다. 우리 모두는 조금 더 나아질 가능성을 가지고 있다. 우리뿐만 아니라 우리가 함께 생활하는 학생들은 지금보다 조금 더 나아질 가능성이 무한히 크고, 또 그렇게 되어야 한다. 교실에서 발생하는 문제점과 약점, 기회를 파악하고 그것들을 적극적으로 해결하는 것은 리더가 가져야 할 중요한 특징이다.

둘째, 다른 교실에 관심을 가져야 한다. 조직의 관점에서 바라본 학교는 분절적이면서도 서로 연결되어 있는 이완결합체제이다. 학교라는 이름으로 결합되어 있지만 실제로 생활하고 근무하는 교실은 모두 독립적으로 구성되어 있어 서로가 서로에게 큰 영향을 미치지 않기 때문이다. 그러나 교사 리더는 자기 교실뿐만 아니라 주변 교실에서 일어나고 있는 상황에 관심을 가져야 한다. 동료 교사들과 래포 rapport를 형성하고 서로의 교실에서 일어나는 일들과 아이들의 특징에 대해 의견을 공유하는 것은 자신의 학급 경영을 위한 밑거름이 될 수 있다.

셋째, 목적을 파악하며 경청해야 한다. 올바른 의사소통의 부재는 현대사회의 가장 큰 문제점 중 하나이다. 우리의 학생들은 디지털 네이티브 Digital Native 세대들로, 태어나면서부터 디지털 기기를 접하고 그것에 익숙해져 왔다. 아침에 눈을 떠서 저

녁에 잠들 때까지 지속되는 디지털 기기의 사용은 의사소통에서 가장 중요한 기술인 '경청'을 어렵게 만들고 있다. 이것은 비단 학생들만의 문제가 아니며, 학부모와 교사들도 스마트폰의 사용에서 자유롭지 못한 경우가 많다. 교사 리더는 학생의 이야기를 주의 깊게 그리고 대화의 목적을 파악하며 경청해야 한다. 학생과의 대화에서 주의를 기울여 듣고, 그에 대한 적절한 질문을 하는 것은 학급의 리더로서 교사가 구성원들과 래포를 형성할 수 있는 가장 좋은 방법이다.

넷째, 긍정적이고 친절해야 한다. 교사 리더가 가장 주의해야 할 것은 학생을 냉소적으로 대하는 것이다. 경력이 쌓일수록 학생들의 고민과 걱정, 문제행동이 별 것 아닌 것으로 보일 수 있지만, 학생들에게 한 해는 교사들의 한 해와 다르다는 점을 유념해야 한다. 유능한 교사들은 언제나 긍정적이고 친절하다. 특히 그렇게 하기 어려운 상황에서 낙관적인 모습을 보이는 것은 학생들을 교사의 팬Fan으로 만드는 무기가 된다.

교사 리더십의 측정

교사는 학교에서 교사 리더십을 발휘하면서 생활하고 있지만, 그것을 인지하고 있지 못하는 경우가 많다. 리더십이라는 개념이 성인과 성인 간, 학생과 학생 간의 관계에서 적용되는 것이라는 오해로 인해 학생들을 리더십 발휘의 대상으로 생각하지 않기 때문이다. 이런 상황에서 교사들이 자신의 리더십이 어떤 특성을 가지고 있으며, 어떤 수준으로 형성되어 있는지를 확인하는 것은 교사 리더십을 향상시키는 데 도움을 줄 수 있을 것이다.

리더십이라는 개념은 개인이 가진 능력이나 자질과 같은 리더의 천부적인 특성, 리더가 된 이후로 나타나는 행동, 리더십을 발휘하는 상황, 그리고 상황에 적응하는 리더의 모습 등을 통해 분석되어 왔다. 그 중에서도 리더가 어떠한 행동 특성을 보이는가에 대한 연구를 수행한 오하이오 주립대학 연구팀은 리더 행동기술 질문지인 LBDQLeader Behavior Description Questionnaire를 개발하여 리더의 행동을 측정하고자 하였다. Halpin은 LBDQ를 활용하여 리더의 행위를 '과업중심' 행동과 '배려중심' 행동으로 구분하였는데 이를 교사 리더십에 적용해보면 다음과 같이 정리할 수 있다(진동섭 외, 2014).

(고) ↑ 배려 중심 행동 ↓ (저)	낮은 과업 중심 행동 높은 배려 중심 행동 Ⅱ	높은 과업 중심 행동 높은 배려 중심 행동 Ⅰ
	낮은 과업 중심 행동 낮은 배려 중심 행동 Ⅲ	높은 과업 중심 행동 낮은 배려 중심 행동 Ⅳ

Ⅰ사분면: 효과적 리더십
Ⅱ사분면: 배려중심 리더십
Ⅲ사분면: 비효과적 리더십
Ⅳ사분면: 과업중심 리더십

(저) ← 과업중심 행동 → (고)

Ⅰ사분면: 효과적 리더
과업중심 행동과 배려중심 행동이 모두 높은 유형으로, 이러한 리더십은 가장 이상적인 형태이다. 교사는 과업의 성취와 인간적 관계에서 균형을 유지하기 때문에 학생과의 상호작용에 의해 학급을 운영하고 목표달성을 위해서도 학생들과의 관계를 중요시한다.

Ⅱ사분면: 배려중심 리더
학생들과의 인간관계를 잘 형성하고 있지만, 학급 운영의 과업에는 비교적 낮은 관심을 보이는 특징을 가지고 있다. 학생 상담, 진로, 진학 등 학생들과 개인적인 친분을 잘 활용하지만 학급운영이나 학습에 있어 임기응변으로 업무를 처리하는 단점이 있다.

Ⅲ사분면: 비효과적 리더
과업중심 행동과 배려중심 행동이 모두 낮은 유형으로, 가장 바람직하지 않은 리더의 모습이다. Halpin은 과업중심 행동과 배려중심 행동의 점수가 다 같이 평균 이상으로 나타나는 효율적 리더십을 지향점으로 삼고, 리더에게 부족한 부분을 개선해 나갈 수 있는 태도를 강조하였다.

Ⅳ사분면: 과업중심 리더
학급운영이나 학습활동에 임함에 있어 합리적인 모습을 보이며 목표를 달성하기 위해 노력하는 모습을 보이지만, 학생들과의 관계가 피상적이고 차가운 인상을 보이는 특징이 있다. 자신의 계획대로 학급이 움직이기를 바라며 학생들의 의견을 존중하지 않는 경향이 있어 학생들과의 래포rapport형성에 어려움이 있다.

교사의 과업중심 행동과 배려중심 행동

과업중심 행동	배려중심 행동
1. 학습 활동의 목표를 명확히 제시함 2. 학습의 절차를 지키는 것을 중시함 3. 학습의 양을 정하고 지키는 것을 중시함 4. 의사소통의 중심에는 교사가 있으며, 의사소통의 체계를 명확히 함	1. 학교생활에서 학생의 요구에 관심을 보임 2. 민주적인 의사결정을 지향함 3. 하의상달Bottom-up 방식의 의사소통을 중시함 4. 편안한 분위기를 만들고자 함

LBDQ를 통해 파악된 과업중심 행동과 배려중심 행동은 각각의 점수에 따라 사분면에 표시할 수 있는데, Halpin은 리더십의 유형을 과업중심과 배려중심 행동의 정도에 따라 효과적 리더십, 과업중심 리더십, 배려중심 리더십, 비효율적 리더십의 네 가지로 구분하였다.

LBDQ는 과업중심 리더의 행동과 배려중심 리더의 행동을 각각 15개의 문항, 총 30개의 문항으로 측정하고 있으며, 5점 척도로 구성되어 있다. LBDQ를 통해 교사 스스로 자신의 리더십이 가진 특성을 파악할 수 있을 뿐만 아니라 자신의 리더십 행동 중 부족하거나 개선되어야 하는 점이 무엇인지를 명시적으로 확인할 수 있다. 또한 학급 학생들과 함께 LBDQ를 실시한다면 학생들이 인식하는 교사의 리더십 형태를 분석하고, 그들이 원하는 교사의 모습을 확인하는 척도로 활용할 수 있을 것이다.

* LBDQ 설문지와 관련한 내용은 〈전략 1〉에 제시되어 있다.

팀빌딩

팀빌딩은 문자 그대로 팀을 만들어가는 활동이다. 팀이란 소수 정예로 구성되어 서로 간에 의사소통을 원활히 하고, 공동의 목표를 이루어가며 그 결과에 대한 책임을 공유하는 하나의 단위를 의미한다. 특히 기업과 같은 사조직의 경우 일반적으로

학급은 하나의 팀이 되어야 한다.

이윤 창출이라는 공동의 목표를 달성하기 위해 팀을 기본 단위로 한 다양한 업무를 수행해오고 있다. 소수정예, 원활한 의사소통, 공동의 목표 등 팀이 가진 특성이 제대로 발휘되기 위해서는 팀을 구성하고 있는 구성원들의 탄탄한 팀워크Teamwork가 요구되며, 팀워크를 높이는 활동 전반을 팀빌딩이라고 한다.

학습 환경 구축에 팀빌딩의 원리를 적용하는 것은 학급을 하나의 팀 혹은 작은 팀들의 결합으로 보고, 팀원인 학생들의 팀워크를 높임으로써 팀의 목표를 달성하고 팀원 간의 관계를 개선하며, 이를 통해 학급의 안정적 심리적 환경을 형성하기 위한 것이다. 즉, 팀빌딩은 그 자체가 목적이 되는 활동이라기보다 수단적 성격을 띠고 있는 것으로서 짧은 시간 내에 이루어져야 하며, 필요할 때마다 수시로 운영되어야 한다. 조직 내에서의 팀빌딩과 학습 상황에서의 팀빌딩의 구성요소를 비교하여 표로 나타낸 것은 다음과 같다.

조직 상황과 학습 상황에서의 팀빌딩의 의미

조직 상황	학습 상황
팀	모둠이나 학급
팀원	모둠원이나 학급 구성원
팀원 간의 관계 개선	학생 간 협력과 신뢰
팀의 목표	교수학습 활동의 목표
효율적인 조직의 모습	안정된 심리적 환경 구축

팀빌딩 활동의 특징

앞서 언급한 것과 같이 팀빌딩은 팀워크를 구축하여 팀의 목표를 더 효과적으로 달성할 수 있도록 하는 지원적, 수단적 활동이다. 이러한 팀빌딩 활동의 특징은 다음과 같다.

1. 함께하는 즐거운 활동

팀빌딩은 팀원 간의 서먹하고 불안정한 관계를 돈독하고 친밀하게 만들어주는 것을 목적으로 한다. 따라서 팀빌딩 활동들은 팀원 모두가 참여할 수 있고, 즐겁게 참여할 수 있는 내용으로 구성되어야 한다.

2. 자유롭고 질서 있는 의사소통

팀빌딩 활동들은 팀원 간의 의사소통을 기반으로 이루어진다. 의사소통은 팀의 목표를 달성하는 방법과 의견을 구성원과 공유하는 방법으로서 팀빌딩 활동은 자유로우면서도 허용적이고 수용적인 의사소통이 활발하게 이루어질 수 있도록 구성되어야 한다.

3. 협동과 신뢰를 신장시키는 활동

팀을 이루어 학습하는 것은 교사가 개인이 혼자 학습하는 것보다 팀을 구성하여 학습하는 것이 더욱 효과적이라고 판단하였기 때문이다. 팀빌딩 활동은 팀원들이 팀 내의 협동과 팀원 간의 신뢰가 중요함을 깨닫게 하는 활동으로 구성되어야 한다.

〈참조: 최소영 역(2008). 최강의 팀 빌딩.〉

팀빌딩 활동 과정에서의 유의점

학급에서 이루어지는 팀빌딩 활동은 교사가 제시하는 것이지만 활동의 주체가 되는 것은 학생들이다. 따라서 교사는 팀빌딩 활동을 제시하고, 그것이 진행되는 동안, 또 활동이 마무리되었을 때 적절한 개입을 할 필요가 있다. 팀빌딩 활동이 원활하게 이루어지기 위해 교사에게 어떠한 준비와 계획이 필요한지 알아보고자 한다.

1. 준비 단계

대부분의 학생들은 팀빌딩 활동에 대한 경험이 적거나 없을 것이며 활동 자체를 낯설어하는 학생들이 대부분일 것이다. 따라서 교사는 활동의 내용과 목적, 순서를 정확하게 인지하고 있어야 하며, 학생들의 질문을 미리 예상하여 그에 대한 대답을 준비하고 있어야 한다.

팀빌딩 활동을 시작하기 전에 교사가 준비해야 하는 것은 다음과 같다.

순서	목표	활동
1	팀빌딩 활동 과정에 대한 이해	· 글을 통한 이해 · 시범을 통한 이해 · 학생의 수준에 맞는 적절한 수정
2	준비물 준비	· 필요한 준비물 완비
3	공간 확보	· 활동에 필요한 공간 확보 · 확보된 공간에 적합한 활동 선택

2. 실행 단계

순서	목표	활동
1	분위기 조성	· 팀빌딩 활동에 대한 거부감과 낯설음 제거
2	활동에 대한 설명	· 팀빌딩 활동의 내용과 방법 설명
3	목표 확인	· 팀빌딩 활동의 목표 안내 · 활동의 목표는 활동 중 간헐적으로 안내하여 목표지향적인 활동이 되도록 해야 함
4	사전 준비 및 준비물 확인	· 학생들을 팀으로 나눈 뒤, 준비물 배부
5	활동에 대한 이해여부 확인	· 각 팀이 활동의 내용, 방법, 목표를 이해했는지 확인해야 함
6	승자 결정 방법 제시	· 우승하는 팀의 조건을 다시 한 번 안내하고, 그것을 이해했는지 확인
7	격려와 지지	· 팀 활동을 진행하는 동안 순회하면서 학생들을 격려
8	시간 체크	· 정해진 시간이 얼마나 남았는지 수시로 알려주면서 시간 내에 활동을 마무리 할 수 있도록 안내

3. 확인 단계

팀빌딩 활동이 끝난 후에 활동의 성과를 확인하는 단계이다.

순서	목표	활동
1	팀빌딩 활동 결과 발표	· 팀 활동의 결과물을 전시하고 활동에 참가한 소감을 서로 나누기 · 전체를 대상으로 활동 결과와 과정에 대한 소감 발표
2	활동 효과 발표	· 활동의 효과에 대해 생각해 보기

〈참조: Brian(2013). 팀빌딩 액티비티: 최고의 팀워크 강화 프로그램.〉

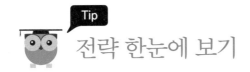

전략 1: 리더 행동기술 질문지 LBDQ

전략 1에서 제시하는 질문지는 학생들을 대상으로 교사의 리더십을 조사하는 형태로 제작되었다. 응답의 편향성을 방지하기 위해 홀수 문항은 과업중심 행동, 짝수 문항은 배려중심 행동을 측정하는 문항으로 구성하였다. 설문 문항 중 '*' 표시가 있는 12~16번 문항은 역채점 문항이므로 5점은 1점, 4점은 2점, 3점은 3점, 2점은 4점, 1점은 5점으로 계산한다. 설문을 실시하기 전 설문의 의도와 목적을 충분히 설명하여 학생들이 성실하게 설문에 참여할 수 있도록 지도한다. 설문의 시기는 학생들이 교사의 리더십 성향을 파악하기 시작하는 학기 초와 1학기가 종료되는 시점, 그리고 한 학년이 종료되는 시점이 적절하다. 설문의 결과는 홀수문항 점수의 합을 Y축에, 짝수문항의 점수의 합을 X축에 기록한다.

설문조사 결과는 LBDQ사분면을 이용하여 두 가지로 분석할 수 있다. 첫째, 학생 개인의 응답에 대한 과업중심 행동과 배려중심 행동 점수의 합계를 점으로 표시하여 학급 학생들이 생각하는 교사의 리더십 유형이 어떻게 분포되어 있는지 확인할 수 있다. 둘째, 학급 전체의 응답 평균값을 점으로 표시하여 학급 학생들이 생각하는 교사의 리더십 유형을 파악할 수 있다.

이렇게 LBDQ를 활용하여 자신의 리더십 유형을 파악함으로써 교사 스스로에게 요구되는 리더십 역량을 확인할 수 있다. 이러한 과정을 거쳐 자신의 리더십 행동에 대한 학생들의 의견을 수렴한다면 보다 효과적인 교사 리더십을 발휘할 수 있을 것이다.

LBDQ사분면

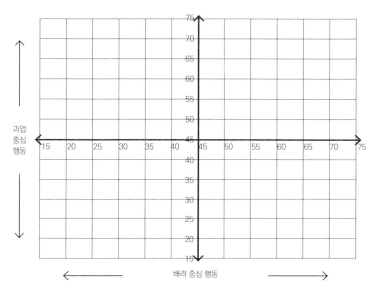

〈참조: 천석우(2009). 교사 리더십에 따른 학생의 학교생활 적응과 학업성취도에 관한 연구.〉

Work Sheet 3-1	리더 행동기술 질문지, LBDQ 사분면	132~134쪽

전략 2: 종이접기

종이접기 활동은 팀 내에서 의사소통이 잘 이루어지지 않거나 한 사람이 너무 많은 말을 하는 상황에서 의사소통의 중요성과 올바른 의사소통 방법을 체험할 수 있는 방법이다.

목적	명확한 의사소통의 중요성을 깨닫기
목표	리더가 말하는 것과 같은 모양의 종이 만들기

준비물	Worksheet 3-2, 색종이 혹은 A4용지 한 장
방법	1. 팀원들은 종이를 한 장씩 준비한다. 2. 종이를 접는 방법을 말로 설명해줄 것이라고 안내한다. 3. 모두 눈을 감고, 진행자가 말하는 방법대로 종이를 접는다.(질문은 할 수 없고, 진행자도 눈을 감고 종이를 접어본다.) 4. 진행자는 종이를 접고 찢는 명령을 내린다(5회 이상). 5. 눈을 뜨고 종이의 모양을 비교해본다.
효과를 높이기 위한 질문	1. 모든 사람이 똑같은 모양을 만들었는가? 2. 어떤 부분이 가장 어려웠는가? 3. 친구가 어떻게 설명할 때 더 만들기 쉬웠는가?
변형	1. 교사가 진행자가 되어 활동해보고, 팀원들이 진행자가 되어 활동해본 뒤 어느 쪽이 더 명확한 지시가 내려졌는지에 대해 이야기해본다. 2. 눈을 뜬 상태에서 진행자의 지시만으로 종이를 접어보는 활동을 통해 비언어적 의사소통의 중요성에 대해 인지할 수 있도록 한다.

Work Sheet 3-2	종이접기	135쪽

전략 3: 나의 하루 너의 하루

팀원들 간의 하루 생활을 공유하고 소통함으로써 서로의 공통점과 차이점을 분명히 인식할 수 있는 활동이다. 공통점을 발견하면서 팀원들 간의 팀워크가 발전될 수 있으며 차이점을 들으면서 상대에 대한 이해를 높일 수 있다.

목적	팀원들 간 개인적인 관계 형성
목표	3명 이상의 친구와 일상생활을 듣고 나의 하루와 비교하기
준비물	Worksheet 3-3

방법	1. 교실을 자유롭게 돌아다니면서 친구와 만난다.
	2. 가위바위보 게임에서 이긴 사람이 먼저 자신의 하루에 대해 3분 동안 이야기한다.
	   (3분을 채우기 힘든 경우 어제 하루의 일과를 떠올려 이야기하도록 한다.)
	3. 듣는 사람은 "왜 그랬어?"라는 질문과 "그 다음엔 어떻게 됐어?"라는 질문만 할 수
	   있다.(장난스럽게 하는 행동은 금지)
	4. 한 사람이 끝난 뒤 역할을 바꾼다.

효과를 높이기 위한 질문	1. 친구와 나의 생활에서 비슷한 점은 무엇인가? 2. 친구와 나의 생활에서 다른 점은 무엇인가? 3. 친구가 즐거워하는 것은 무엇인가? 4. 친구와 함께 해보고 싶은 것은 무엇인가?

변형	1. 최근 가장 기억에 남는 하루에 대한 이야기, 즐거운 주말 혹은 슬펐던 일들에 대해
	   이야기해본다.
	2. 처음에는 2~3명과 이야기하도록 하고 활동을 반복하면서 점점 대화하는 사람의 수
	   를 늘려간다.

Work Sheet 3-3	나의 하루 너의 하루	136쪽

전략 4: 이름 N행시 짓기

처음 학급친구들을 만났을 때 자신의 이름으로 N행시를 지어 자기를 소개한다. 꼭 두성을 맞추지 않더라도 자신의 이름이 들어가는 말로 자기를 소개하고, 친구의 소개를 들은 다음 그 친구의 이름으로 N행시를 지어주는 활동을 통해 서로의 이름을 재미있고 쉽게 알아갈 수 있다.

목적 및 목표	친구의 이름과 관심사 알기
준비물	Worksheet 3-4

방법	1. 자기 이름의 글자를 이용하여 N행시를 지어보도록 한다.
	2. N행시를 지을 때는 자신의 관심사 혹은 특징이 드러나게 만들도록 한다.(교사가 자신의 이름으로 예를 들어주는 것이 좋음)
	3. 모두 눈을 감고, 진행자가 말하는 방법대로 종이를 접는다.(질문은 할 수 없고, 진행자도 눈을 감고 종이를 접어본다.)
	4. 진행자는 종이를 접고 찢는 명령을 내린다(5회 이상).
	5. 눈을 뜨고 종이의 모양을 비교해본다.
효과를 높이기 위한 질문	1. 이름으로 자신을 드러내는 활동이 어땠는가?
	2. 이름을 통해서 친구를 얼마나 알 수 있었는가?
	3. 친구의 이름을 기억하는 데 도움이 되었는가?
	4. 기억에 남는 친구는 자신을 어떻게 소개했는가?
변형	1. 학교의 이름, 학급의 급훈 등을 이용한 콘테스트 개최

Work Sheet 3-4	이름 N행시 짓기	137쪽

전략 5: 부모님! 감사합니다!

친구의 생일날 친구를 키워주신 부모님께 간단한 쪽지를 작성하여 전달하는 활동이다. 친구 부모님에게 자기와 친구의 관계, 친구의 장점 등을 이야기하며 감사의 인사를 전한다.

목적 및 목표	친구의 장점 찾기, 부모님께 감사한 마음 갖기
준비물	포스트잇과 4절 도화지
방법	1. 교사는 다양한 모양과 색상의 포스트잇을 준비하여 제공한다.
	2. 생일을 맞은 친구의 부모님께 자신을 소개하고 친구의 장점을 이야기하는 쪽지를 작성한다.
	3. 포스트잇을 모아 도화지에 붙이고 하루 동안 칠판에 게시하여 모두 읽을 수 있게 한다.
효과를 높이기 위한 질문	1. 친구와 함께 했던 활동 중 가장 기억에 남는 것은 무엇인가?
	2. 평소에 친구를 생각하며 떠오르는 것은 무엇인가?
	3. 부모님께 감사드리는 이유는 무엇인가?

* 이 활동은 따로 Worksheet가 필요하지 않음.

전략 6: Line-up

학생들과 생활하다 보면 다양한 상황에서 다양한 방법으로 모여야 하는 경우가 발생한다. 'Line-up' 활동을 통해 체육 시간, 급식 시간에 이동할 때, 혹은 사진을 찍거나 모둠활동을 할 때 줄 서는 시간과 대형을 만드는 시간을 줄이고 서로 간의 특징을 알아볼 수 있는 기회를 제공한다.

목적	친구와 나를 비교하는 활동을 통해 서로에 대한 관심 높이기 (줄 서는 순서와 모둠을 만드는 방법은 덤)
목표	다양한 기준을 토대로 나의 위치 알아보기
준비물	Worksheet 3-5
방법	1. 학급 학생들에게 하나의 기준을 제시한다. 　(키, 생일, 이름의 가나다 순, 집 주소의 가나다 순, 엄지손가락의 길이, 발 크기 등 다양함) 2. 줄을 만들어가면서 서로에 대해 파악하도록 한다. 　1-1. 모둠을 만드는 기준을 제시한다. 　　(좋아하는 색깔, 동물, 과목, 등) 　1-2. 좋아하는 것이 같은 친구들끼리 모이도록 한다.
효과를 높이기 위한 질문	1. 순서대로 줄(모둠)을 만들었을 때 내 주변에 누가 있었는가? 2. 더 빠르게 줄(모둠)을 완성하려면 어떻게 하면 좋을까? 3. 의외의 인물이 있었다면 누구인가? 왜 그렇게 생각했는가?
변형	1. 학급을 두 팀이나 세 팀으로 나누어 빨리 수행한 팀에 보상을 한다. 2. 활동이 완성되지 않은 상태에서 다시 한 번 팀을 나눠서 다른 주제를 제시하여 더 많은 친구들과 만날 수 있도록 한다.

Work Sheet 3-5	Line-up	138쪽

전략 7: 트랜스포머

모둠 활동을 하다 보면 활동을 주도하는 리더들이 나타나기 마련이다. 그러나 모두가 리더의 의견을 따르는 경우는 흔치 않다. 이럴 때 모둠 내의 분열이 발생하는데, 7번에서 10번 전략은 모둠 내의 의사소통과 문제해결 전략, 팀워크를 향상시킬 수 있는 활동들이다.

목적	의사소통, 문제해결 전략, 팀워크 기르기
목표	주어진 과제 해결하기
준비물	Worksheet 3-6, 박스테이프, 신발 끈 등 손목을 묶을 수 있는 도구 등
방법	1. 학급을 3~4팀으로 나누고 둥그렇게 마주보고 선다. 2. 자기 양쪽의 옆 사람과 손목을 묶는다(끈을 사용하는 것보다 테이프로 감는 것이 더 안전함). 3. 네 사람이 성공시켜야 하는 간단한 활동을 제시한다. ex) 책상 재배치하기, 빈 우유 갑 높이 쌓기, 교실청소하기, 주전자로 물 따르기, 물건 옮기기 등 4. 활동을 시작하기 전 목표를 상기시키고 전략을 구상한다. 5. 활동을 하면서 느낀 점을 이야기하고 전략을 수정한다.
효과를 높이기 위한 질문	1. 우리 모둠이 성공/실패한 이유는 무엇일까? 2. 모두가 열심히 참여했는가? 3. 의견이 달랐을 때 어떻게 되었는가? 4. 이번 활동이 앞으로의 모둠 활동에 어떤 도움이 될 거라고 생각하는가?
변형	1. 활동 시간을 제한한다. 2. 활동 중에 말하는 것을 금지한다.(침묵 속의 트랜스포머) 3. 손목 대신 발목을 묶고 활동한다.

Work Sheet 3-6	트랜스포머	139쪽

전략 8: Team-Pen

목적	목표설정, 의사소통, 리더십, 팀워크 기르기
목표	주어진 단어를 빠르고 정확하게 쓰기
준비물	Worksheet 3-7, 보드마커(매직펜), 박스테이프 혹은 절연테이프, A4 용지
방법	1. 보드마커(매직펜)에 모둠원 수만큼 테이프로 긴 손잡이를 만든다. 2. 긴 손잡이를 하나씩 잡고 당긴 다음, 펜을 세워 A4용지에 주어진 단어를 쓴다. 3. 단어를 빠르게 정확하게 쓴 모둠이 승리
효과를 높이기 위한 질문	1. 어떤 점이 어려웠는가? 2. 어떻게 해야 이길 수 있을까? 3. 의견이 달랐을 때 어떻게 해결하는 것이 좋을까? 4. 모둠활동에는 리더가 필요할까? 필요하다면 어떤 역할을 해야 할까?
변형	1. 단어 대신 그림을 그리도록 한다(그림은 정해진 형태가 없어 매우 어려움). 2. 활동 중에 말하는 것을 금지한다(침묵 속의 Team-Pen).

Work Sheet 3-7	Team-Pen	140쪽

전략 9: 후프 넘기기

목적	목표설정, 의사소통, 리더십, 팀워크 기르기
목표	후프를 처음부터 끝까지 먼저 전달하기
준비물	Worksheet 3-8, 훌라후프 3~5개
방법	1. 학급을 둘 혹은 세 팀으로 나눈다. 2. 각 팀은 손을 잡고 길게 늘어선다. 3. 한 쪽에서부터 훌라후프를 전달하기 시작한다. 　(첫 사람의 팔로 후프를 넣고 손을 잡은 상태에서 옆 사람에게 전달하는 방식) 4. 정해진 개수의 후프를 끝까지 먼저 넘긴 팀이 승리

효과를 높이기 위한 질문	1. 어떤 점이 어려웠는가? 2. 어떻게 해야 빨리 후프를 넘길 수 있을까? 3. 내 옆의 친구를 도와줄 수 있는 방법은 무엇일까?
변형	1. 눈을 가리고 해본다. 2. 후프대신 끈을 묶어서 시도해본다.

Work Sheet 3-8	후프 넘기기	141쪽

전략 10: 애벌레 도둑놀이

목적	협력, 문제해결력, 리더십, 의사소통력 기르기
목표	바닥에 떨어진 물건을 많이 모으기
준비물	Worksheet 3-9, 후프(모둠당 4개) 등
방법	1. 모둠을 대상으로 후프를 나눠주고 겹치지 않게 애벌레 같은 모양으로(한 줄로) 바닥에 내려놓은 다음 후프 하나당 한 사람씩 들어간다. 2. 애벌레가 움직이는 방법을 설명하고 연습할 시간을 준다. 　– 애벌레를 움직이는 방법 　① 꼬리 후프의 학생이 한 칸 앞의 후프에 들어간다. 　② 꼬리 후프를 집어 든 다음, 머리 후프의 학생에게 전달한다. 　③ 후프를 받은 뒤 진행하고 싶은 방향으로 후프를 내려놓는다. 　④ 꼬리 후프의 학생을 제외한 나머지 학생들이 한 칸씩 이동한다. 3. 연습이 끝난 뒤, 교사가 바닥에 물건들을 놓고 가장 많이 가져온 팀이 승리한다.
효과를 높이기 위한 질문	1. 어떤 점이 어려웠는가? 2. 어떻게 해야 빨리 이동할 수 있을까? 3. 내 옆의 친구를 도와줄 수 있는 방법은 무엇일까?
변형	1. 이동 방향을 한쪽, 양쪽으로 제한하여 진행한다. 2. 가운데 후프에 들어가 있는 두 명의 눈을 가리고 진행한다. 3. 출발선과 결승선을 정하여 레이스도 가능하다.

Work Sheet 3-9	애벌레 도둑놀이	142쪽

전략 11: 이야기 이어서 말하기

목적	의사소통 능력 기르기
목표	제시된 문장에 한 문장씩 더하여 하나의 이야기 만들기
준비물	Worksheet 3-10, 연필 등
방법	1. 짝 혹은 모둠활동을 선택한다. 2. 선생님이 제시한 문장을 확인한다.
방법	3. 순서를 정하여 한 사람이 한 문장씩 번갈아가며 이야기를 이어나간다. 4. 일관성 있으면서 재미있는 이야기를 만들어간다. 5. 한 사람당 세 문장씩 말한 뒤, 포스트잇을 이용하여 활동지에 붙이고 발표한다.
효과를 높이기 위한 질문	1. 등장인물은 누구인가? 2. 이야기의 배경이 어디인가? 3. 일관성 있는 이야기란 무엇이며, 그러한 이야기를 만들기 위해 어떤 점을 고려해야 할까? 4. 어떤 친구의 순서에서 이야기가 재미있어지는가? 5. 이야기를 만들기 위해서 내가 해야 할 일은 무엇일까?
변형	1. 등장인물과 배경을 정해 놓고 이야기 만들기 2. 등장인물의 수를 제한하는 수준으로 이야기 만들기 3. 등장인물과 배경을 자유롭게 정하여 이야기 만들기
이야기 시작 문구	1. '옛날 옛적에…' 2. '우리 학교에는…' 3. '바닷속 깊은 곳에는…' 4. '2050년 우리나라에는…' 등 학생들의 상상력과 창의력을 자극할 수 있는 문장을 제시한다.

Work Sheet 3-10	이야기 이어서 말하기	143쪽

〈Work sheet 3-1〉 리더 행동기술 질문지

	설 문 내 용	전혀 그렇지 않다 〈———————		보통이다		매우 그렇다 ———————〉
1	우리 선생님은 개인적인 일과 학급 일을 구분하신다.	①	②	③	④	⑤
2	우리 선생님은 개인적으로 우리에게 친절하시다.	①	②	③	④	⑤
3	우리 선생님은 우리와 함께 새로운 생각을 짜내려고 노력하신다.	①	②	③	④	⑤
4	우리 선생님은 위를 즐겁게 하는 일이라면 작은 일이라도 기꺼이 하신다.	①	②	③	④	⑤
5	우리 선생님은 우리를 엄하게 다루신다.	①	②	③	④	⑤
6	우리 선생님은 우리의 의견을 존중해 주신다.	①	②	③	④	⑤
7	우리 선생님은 우리가 공부를 적게 한다고 혼내신다.	①	②	③	④	⑤
8	우리 선생님은 우리의 의견에 귀 기울일 시간을 가지려고 하신다.	①	②	③	④	⑤
9	우리 선생님은 우리에게 선생님이 맡은 역할을 확실하게 알게 하신다.	①	②	③	④	⑤
10	우리 선생님은 우리에게 친절하시다고 생각한다.	①	②	③	④	⑤
11	우리 선생님은 개별적인 숙제를 자주 내주시고 검사도 친절하고 따뜻하게 해주신다.	①	②	③	④	⑤
12	* 우리 선생님은 우리의 개별적인 고민을 해결하도록 도와주신다.	①	②	③	④	⑤
13	* 우리 선생님은 계획 없이 학급을 운영하신다고 느낀다.	①	②	③	④	⑤
14	* 우리 선생님은 자신의 실수나 잘못에 대해 변명을 하실 때가 많다.	①	②	③	④	⑤
15	* 우리 선생님은 학급을 운영하는 데 일정한 기준이 없으시다.	①	②	③	④	⑤
16	* 우리 선생님은 학급 일을 결정할 때 우리들의 의견을 묻지 않고 결정하신다.	①	②	③	④	⑤

17	우리 선생님은 정해진 기한을 엄수하는 것을 강조하신다.	①	②	③	④	⑤
18	우리 선생님은 우리의 새로운 의견을 빨리 받아들이신다.	①	②	③	④	⑤
19	우리 선생님은 우리들이 해야 할 일의 방향을 지적해주신다.	①	②	③	④	⑤
20	우리 선생님은 우리들에게 공평하게 대해주신다.	①	②	③	④	⑤
21	우리 선생님은 우리 반이 다른 반보다 공부를 더 잘해야 한다고 말씀하신다.	①	②	③	④	⑤
22	우리 선생님은 우리 반의 학급 분위기를 자주 변화시키는 것을 좋아하신다.	①	②	③	④	⑤
23	우리 선생님은 우리에게 정해진 기본 규칙을 지키라고 하신다.	①	②	③	④	⑤
24	우리 선생님은 우리를 믿고 우리에게 정답게 하시기 때문에 우리가 가까이하기 쉽다.	①	②	③	④	⑤
25	우리 선생님은 우리들에게 학생의 신분과 임무에 대해 자주 말씀하신다.	①	②	③	④	⑤
26	우리 선생님은 우리와 이야기할 때 쉽게 우리들과 의견을 같이 하신다.	①	②	③	④	⑤
27	우리 선생님은 우리가 공부를 열심히 하도록 보살펴 주신다.	①	②	③	④	⑤
28	우리 선생님은 우리들의 좋은 의견을 받아들이려고 노력하신다.	①	②	③	④	⑤
29	우리 선생님은 숙제를 철저하게 내주시고 숙제검사도 엄격하게 하신다.	①	②	③	④	⑤
30	우리 선생님은 우리가 어떤 일을 할 때 자주적으로 할 수 있도록 안내해주신다.	①	②	③	④	⑤

* 표가 있는 12~16번 문항은 역채점 문항이므로 5점은 1점, 4점은 2점, 2점은 4점, 1점은 5점으로 계산하면 됩니다.

〈Work sheet 3-1〉 LBDQ 사분면

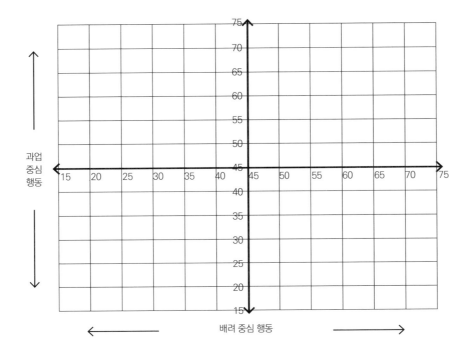

* 세로축에는 홀수문항 값의 합을, 가로축에는 짝수문항 값의 합을 기록해주세요.

Ⅰ사분면: 효과적 리더
가장 이상적인 형태의 리더이다. 교사는 과업의 성취와 인간적 관계에서 균형을 유지하기 때문에 학생과의 상호작용에 의해 학급을 운영하고 목표달성을 위해서도 학생들과의 관계를 중요시한다.

Ⅱ사분면: 배려중심 리더
학생들과의 인간관계를 잘 형성하고 있지만, 학급 운영의 과업에는 비교적 낮은 관심을 보이는 특징을 가지고 있다. 학생 상담, 진로, 진학 등 학생들과 개인적인 친분을 잘 활용하지만 학급운영이나 학습에 있어 임기응변으로 업무를 처리하는 단점이 있다.

Ⅲ사분면: 비효과적 리더
가장 바람직하지 않은 리더의 모습이다. Halpin은 과업중심 행동과 배려중심 행동의 점수가 다 같이 평균 이상으로 나타나는 효율적 리더십을 지향점으로 삼고, 리더에게 부족한 부분을 개선해 나갈 수 있는 태도를 강조하였다.

Ⅳ사분면: 과업중심 리더
학급운영이나 학습활동에 임함에 있어 합리적인 모습을 보이며 목표를 달성하기 위해 노력하는 모습을 보이지만, 학생들과의 관계가 피상적이고 차가운 인상을 보이는 특징이 있다. 자신의 계획대로 학급이 움직이기를 바라며 학생들의 의견을 존중하지 않는 경향이 있어 학생들과의 래포rapport형성에 어려움이 있다.

〈Work sheet 3-2〉 종이접기

모둠원 _____

※ 이번 활동의 목표와 전략을 생각해 봅시다.

목표 :	
전략 1	
전략 2	

※ 내가 리더가 되었을 때 친구들에게 할 명령 다섯 가지를 생각해 봅시다.

1	
2	
3	
4	
5	

※ 활동을 통해 새롭게 알게 된 점이나 느낀 점을 써봅시다.

☺
☺
☺

〈Work sheet 3-3〉 나의 하루 너의 하루

이름 _____

※ 친구에게 이야기할 나의 하루 생활을 생각해 봅시다.

등교 전	
학교생활	
하교 후	

※ 친구의 이야기를 듣고, 기억에 남는 점을 써봅시다.

	친구 이름	기억에 남는 점
1		
2		
3		

※ 친구의 생활을 알아보고 새롭게 느낀 점이나 알게 된 점을 써봅시다.

☺
☺
☺

〈Work sheet 3-4〉 이름 N행시 짓기

이름 _____

※ 내 이름으로 N행시를 지어봅시다.

이 름	내 용

※ 친구의 N행시를 듣고, 기억에 남는 점을 써봅시다.

	친구 이름	기억에 남는 점
1		
2		
3		

※ 친구의 N행시를 통해 새롭게 알게 된 점을 써봅시다.

☺
☺
☺

〈Work sheet 3-5〉 Line-up

이름 _____

※ 기준에 따라 내 앞과 뒤의 친구는 누구인지 이름을 써봅시다.

기준	앞 친구	뒤 친구

※ 나와 같은 것을 좋아하는 친구는 누구일까요?

	좋아하는 것	친구들 이름
1		
2		
3		

※ 기준에 따라 나는 우리 반에서 어떤 위치에 있는지 써봅시다.

☺

☺

☺

〈Work sheet 3-6〉 트랜스포머

이름 _____

※ 이번 활동의 목표와 전략을 생각해 봅시다.

목표 :	
전략 1	
전략 2	

※ 잘된 점과 부족한 점을 이야기해 보고, 해결책을 생각해 봅시다.

	잘된 점	부족한 점	해결방안
1			
2			
3			

※ 활동을 통해 새롭게 알게 된 점이나 느낀 점을 써봅시다.

☺

☺

☺

〈Work sheet 3-7〉Team-Pen

모둠원 _____

※ 이번 활동의 목표와 전략을 생각해 봅시다.

목표 :	
전략 1	
전략 2	

※ 모둠원이 돌아가며 리더 역할을 해보고, 어떤 특징이 있는지 생각해 봅시다.

	리더	특징
1		
2		
3		
4		

※ 모둠활동을 성공하기 위해 리더는 어떻게 해야 하는지 이야기해 봅시다.

☺
☺
☺

〈Work sheet 3-8〉 후프 넘기기

이름 _____

※ 이번 활동의 목표와 전략을 생각해 봅시다.

목표 :	
전략 1	
전략 2	

※ 상대팀과 비교했을 때 우리 팀의 장점과 단점을 생각해 봅시다.

	장점	단점
1		
2		
3		

※ 우리 팀의 장점을 살리고, 단점을 극복하기 위해 할 수 있는 방법을 써봅시다.

☺
☺
☺

〈Work sheet 3-9〉 애벌레 도둑놀이

모둠원 _____

※ 이번 활동의 목표와 전략을 생각해 봅시다.

목표 :	
전략 1	
전략 2	

※ 친구들의 전략을 듣고 성공할 수 있을 것 같은 의견을 예상해 봅시다.

	친구 이름	전략
1		
2		
3		

※ 활동을 하면서 느낀 점을 이야기해 봅시다.

☺
☺
☺

〈Work sheet 3-10〉 이야기 이어서 말하기

이야기꾼 _____

※ 이번 활동의 목표와 전략을 생각해 봅시다.

이야기 제목 :			
등장인물			
나의 이야기	1.		
	2.		
	3.		

도움을 주는 교육 정보

http://www.ncic.re.kr/

국가교육과정정보센터

1. NCIC 소개

국가교육과정정보센터(이하 NCIC)는 교육부와 한국교육과정평가원에서 공동 운영하고 있는 국내외 교육과정의 정보 공유 시스템이다. 한국교육과정평가원에서는 2008년의 기초조사 연구를 바탕으로 2009년 말에 웹기반 시스템 NCIC를 구축한 이래, 지속적으로 교육과정 DB를 연구개발하여 시스템에 탑재하고 있다.

NCIC에서 국가 교육과정 정보는 우리나라와 세계 각국의 국가 교육과정에 관하여 해당 국가 혹은 주 수준의 교육과정, 교육법, 교육정책 등 공식적인 문서를 통해 제공되는 정보이다. 주요 메뉴는 우리나라 교육과정, 세계의 교육과정, 지역 및 학교의 교육과정, 교육과정 자료실이다.

2. 주요 내용 소개

우리나라 교육과정에서는 1945년 이후 우리나라 교육과정을 DB화하여 제공하고 있으며, 조선시대, 개화기, 일제 강점기 시대의 우리나라 교육과정에 대해서도 연구를 진행 중이다.

세계의 교육과정에서는 우리나라를 포함한 17개 국가의 국가정보, 학제정보, 유치원, 초등학교, 중등학교, 특수교육 교육과정 정보를 정선하여 제공한다.

지역 및 학교교육과정에서는 우리나라 지역과 학교의 교육과정을, 교육과정 자

료실에서는 우리나라와 세계 각국의 교육과정 원문 및 관련 문서 파일을 다운로드
할 수 있다.

NCIC 홈페이지 첫 화면

비법
4

지금까지의 수업과는 다르게

▼

학습자들은 저마다 흥미가 다르고,
잘하는 것 또한 다르다.
이런 다양성을 모두 아우르는 것이
학습자중심교육이다.

▼

질문과 피드백은 수업에서
매우 중요한 부분을 차지한다.
효과적인 질문과 피드백을 알아보고,
수업을 성공으로 이끌어보자.

고민상황

포부에 찬 3월의 첫 다짐과 달리
점점 힘들어지는 김 교사

scene1

새학기를 맞아 선생님과 학생들은
열정이 가득한 눈빛으로 서로를 바라본다.

scene2

하지만 학생들은 점점 수업에 흥미를 잃고,
서로의 이야기를 하느라 정신이 없다.

scene3

교과서의 내용이 지루하고
수업도 재미가 없다는 학생들..
이대로도 괜찮을까?

scene4

김 교사는 오늘도 어떻게 하면 학생들을
수업에 적극적으로 참여시킬 수 있을지에 대해
고민하고 있다.

좋은 질문은 수업에 생기를 준다

'으으, 두근두근. 설렌다, 설레! 과연 어떤 친구들이 우리 반이 되었을까? 1년 동안 함께 지내야 하니 첫 단추를 잘 꿰어야 할 텐데….'

김 선생님은 3월을 맞이하여 새로운 학생들을 만날 기대에 부풀어 잠을 설쳤다. 드디어 첫 시간이 되어 학생들의 이름을 부르고, 눈을 마주치며 새 학기를 위한 첫걸음을 내디뎠다. 학생들의 눈은 반짝거렸고, 김 선생님 역시 열정에 가득 찼다. 그러나 시간이 지날수록 처음의 높은 이상과 달리 점점 수업에 어려움을 겪는 김 선생님 자신의 모습을 발견하게 되었다. 수업이 끝난 뒤, 학생들이 모두 떠난 빈 교실에 홀로 앉아 김 선생님은 깊은 생각에 잠겼다. '우리 교실의 문제가 무엇일까?', '왜 이런 문제가 생긴 걸까?', '어떻게 하면 더 나은 교실이 될 수 있을까?'

곰곰 생각해 보니, 김 선생님은 학생들에게 이런 기대를 걸었다. 모든 학생들이 모든 수업에 적극적으로 참여하면 좋겠다는 기대였다. 그러나 현실은 그렇지 않았다. 수현이는 음악 시간에 노래를 크게 부르며 즐거워하는 모습을 보였지만, 국어 시간에는 잘 참여하지 못했다. 또 지호는 수학 시간에는 모둠 토론에 활발하게 참여하지만 체육 시간에는 쭈뼛거리기 일쑤였다. 학생들은 무심코 이런 이야기를 했다.

"선생님, 교과서에 나온 거 재미없어요. 왜 배우는지 전혀 모르겠다구요."

학생들의 이런 말은 김 교사를 낙담하게 만들었다. 힘이 쭉 빠졌다. 열심히 준비한 내 수업이 재미가 없다고? 점점 화가 났다.

열심히 수업을 준비한 만큼 학생들이 모두 흥미를 느끼며 열정적으로 참여하면 좋겠는데 그러지 못해 힘이 빠진 김 선생님. 어떻게 하면 문제를 해결할 수 있을지 머릿속에서 그 생각이 떠나가질 않았다.

오늘은 동 학년 선생님들과 저녁을 함께 하기로 한 날이다. 이런저런 이야기를 하다가 김 선생님은 입 속에서만 맴돌던 이야기를 어렵게 꺼내놓았다. 혹시나 내가 교사로서의 자질이나 능력이 부족해서 우리 반에 이런 일이 생긴 건 아닌지 고민이 되었기 때문이다.

"선생님, 저는 최선을 다해 수업 준비를 해요. 그런데 우리 반 아이들이 제가 준비한 만큼 잘 따라오지 않는 것 같아 서운해요."

"그 마음 이해해요. 나도 마찬가지고요."

옆 반 선생님께서는 모두가 전 과목을 흥미 있어 하고, 적극적으로 학습에 참여한다면 얼마나 좋겠냐며, 일단 모든 학습자들은 각기 다른 방식으로 학습하기 때문에 각자 흥미를 나타내는 과목이 다른 것이라고 말씀해주셨다.

"얼마나 힘이 빠지겠어요. 비단 선생님만의 문제가 아니니 우리 함께 머리를 맞대봅시다. 모든 수업을 그렇게 하기는 어렵지만, 일주일에 한 번씩이라도 학생들의 흥미를 불러일으킬 수 있는 수업을 함께 계획해보면 어때요?" 선생님들께서 적극적으로 도와주시니 김 선생님도 점점 힘이 나는 것을 느꼈다. 옆반 선생님은 이것은 김 선생님만의 문제가 아니라 수업 주제를 바꿔보면 학생들이 흥미를 느낄 수도 있다고 하시면서 학습자들의 삶에 진정 필요한 현실적인 주제를 다루면 참여도가 달라지는 것을 느낄 것이라고도 했다.

가장 나이가 많으신 선생님께서는 수업 시간에 질문을 잘 활용하면 수업이 훨씬 더 생기 있어진다고 말씀해주셨다. 수업 시간의 대부분이 학습자와 교사의 질문과 대답으로 이루어지기 때문에 교사들이 꼭 필요한 말, 수업에 가장 효과적일 수 있는 말, 즉 그런 질문을 하여 수업 시간을 통해 학생들이 더 나은 질문을 경험할 수 있게 해야 한다고 강조하셨다.

오늘 선생님들과의 대화를 통해 한 뼘 더 성장한 것을 느낀 김 선생님은 감사함을 느꼈다. 학생의 삶과 그 주변에 있는 환경을 활용한 수업을 구성하여 더욱 활기차게 수업을 진행해보리라 다짐하였다.

학습자 수용의 폭 넓히기

많은 학습자들의 참여를 보장하기 위해 학교 전체 및 교실 수준에서 여러 가지를 할 수 있다. 사실, 우리는 더 넓은 그물을 던져 학습자 수용의 폭을 넓혀야 한다. 다시 말해 교사들은 학습자의 능력, 흥미와 필요, 그리고 전략적 사고에 관해 적절한 지식을 가져야 한다.

학습자를 개별적으로 이해하는 것뿐만 아니라, 그들의 각기 다른 학습 방법을 이해하는 것 또한 중요하다. 또 교실 분위기나 열정적으로 참여할 수 있는 관계를 함께 창출하고, 학습자들에게 책임을 부여할 수 있다.

학습자들이 좋아하는 것을 알아내어 의미 있는 선택을 제공하는 것 또한 학생을 참여로 이끌 수 있다.

도전, 열정적인 참여 목적 만들기

많은 학습자들은 학교에 충분히 흥미를 갖도록 도전받지 않는다. 높은 수준의 지적 참여를 기대하고 계획하는 것은 학습자들의 동기가 밑바탕이 되어야 한다. 수업 내용에 현재 일어나고 있는 문제, 학습자의 삶과 연관된 실제적인 문제가 포함되는 것이 좋다.

학습자에게 주어지는 질문을 위한 시간은 평가 목적으로도 쓰일 수 있는 매우 귀중한 시간이다. 학습자들이 자신의 흥미에 기초한 질문에 답을 찾을 때, 동기는 자연스럽게 올라간다.

함께 결정해보면 어떨까?

그 다음 단계는 학습과 관련된 의사결정에 학습자를 직접 참여시키는 것이다. 자기 평가는 개인적 의사결정 학습을 촉진하는 유용한 과정이다. 자기 평가와 목표 설정은 처음부터 자동으로 되지 않으며 꾸준한 연습을 필요로 한다. 교사의 건설적이고 계속적인 피드백은 책임감 있는 학습자로 발전하는 데 있어 강력한 열쇠가 될 수 있다.

우리는 실제적인 학습을 위한 많은 훌륭한 기회를 종종 지나친다. 이러한 기회는 학교생활의 일부인 일상적인 결정과 행동(쓰레기 문제나 새로운 놀이터를 설계하는 등)의 형태이다. 아이러니하게도 이러한 결정과 행동에 가장 영향을 많이 받는 학습자들은 이 과정에 참여하지 않는다. 학교에 관한 의사결정에 학습자가 참여하는 것은 교실에서부터 시작할 수 있다. 수업 규칙, 교실 내 물건 배치에 관한 결정에 참여함으로써 학습자들은 교실 밖 지역 사회 의사 결정에 필요한 기술과 과정을 습득할 수 있다. 그러한 문제 상황은 능동적인 참여, 실생활 학습, 주인의식과 소속감 강화를 위한 기회가 될 수 있다.

선택 사항 마련하기

다양한 활동과 전략을 제시하면 학습자들이 인지하고 의사소통하는 방법의 범위를 스스로 정하게 할 수 있고, 그들의 학습 또한 스스로 평가하게 할 수 있다. 우리가 학습자 참여를 위해, 그리고 그들이 학습 과정에 참여하는 것이 중요하다고 여기는 것을 증명하기 위해 다양한 방법으로 학습을 평가하는 것을 보여주는 것은 중요하다.

학습자들은 교육과정의 협상 가능한 측면에 참여할 수 있다. 저학년 학습자라면 활동 목록을 선택할 수 있고, 고학년 학습자들의 참여는 몇몇 과제를 설계하는 것에서부터 그들 스스로의 교육과정을 평가하는 것에 이르기까지 매우 넓은 범위에서 이루어질 수 있다.

우리의 학습 강점은 모두 달라요!

학습자들은 다양한 방법으로 정보를 받아들이고 처리한다. 우리는 모든 학습자들의 방식을 수용하는 방법을 계획할 필요가 있다. 선택사항을 제공하는 것은 유용하지만 그 자체만으로 학습자의 강점, 필요 및 학습 선호도의 다양성을 수용하는 것을 의미하는 것은 아니다. 그러나 학습 이론(예를 들어, 다중지능, 학습 스타일 및 양식)을 이해하면 다양하고 적절한 선택사항에 도움을 줄 수 있다. 다중지능은 하워드 가드너 Howard Gardner가 주장한 이론으로, 서로 다른 몇 가지의 지능으로 우리의 뇌가 이루어져 있다는 것이다. 언어, 논리-수학, 신체, 공간, 음악, 대인관계, 자기이해지능의 일곱 가지를 먼저 정의하고, 그 후, 1997년에 자연적 지능을 추가하였으며 1998년에 영적지능을 추가하였다. 이 영적지능은 가드너Gardner가 뇌에서 물리적인 위치를 찾지 못하였다고 해서 '반쪽짜리지능'이라고 불렀다(Connell, 2005).

가드너는 두뇌 손상을 입은 환자들 및 천재·자폐성 아동 등 특수 집단에 대한 연구를 통해 모두가 우수한 전능한 사람은 없다고 주장한다. 인간의 지적 능력은 서로 독립적이고 상이한 여러 유형의 능력으로 구성되어 있으며, 상대적 중요성이 동일한 여러 하위능력이 서로 유기적으로 작용한다고 보았다. 결국 지능검사(IQ Test)만으로는 인간의 모든 영역을 판단할 수 없으며, 각각의 지능이 조합됨에 따라 개인의 다양한 재능이 발현된다고 할 수 있다. 따라서 각 영역에 있어서 수많은 종류의 천재가 있을 수 있는 것이다.

수업을 이끄는 힘! 교사의 질문과 피드백

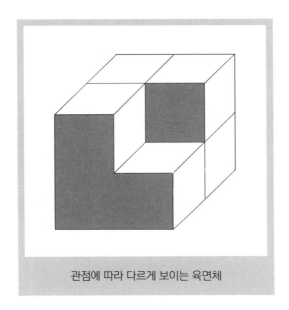

관점에 따라 다르게 보이는 육면체

위의 그림을 살펴보아라. 어떻게 보이는가? 일곱 개의 육면체가 쌓여있는 모습이 보이는가? 아니면 한 개의 육면체가 구석에 놓여있는 모습으로 보이는가?

이처럼 같은 상황도 어떻게 질문하느냐에 따라 완전히 다르게 인식될 수 있다. 더군다나 수업에서는 질문을 통해 학습이 이루어지므로 그 중요성이 확대되는데, 보리치Borich(2011)는 수업 시간의 80% 정도가 교사의 질문과 그에 대한 답이 차지할 정도라고 한다. 학습자가 효율적인 학습을 할 수 있게 도와주는 좋은 질문은 학습자들이 능동적으로 답하고, 그에 따라 학습의 과정에 적극적으로 참여하게 만들 수 있다.

모든 질문은 다 좋은 질문일까?

대답은 No! 교사의 발문과 학습자의 응답으로 이루어지는 수업에서 조용한 것만큼 나쁜 것도 없겠지만, 또 무조건 많은 질문과 대답이 존재한다고 해서 좋은 수업이라고 할 수는 없을 것이다. 그렇다면 일반적으로 교사들이 하는 질문은 어떤 문제를 가지고 있을까? Borich(2011)에 따르면 다음과 같은 문제가 있다고 한다.

첫째, 교사가 하는 질문은 복잡하고, 모호하고, 이중적이다.

둘째, 교사가 기대하는 답만 수용한다는 것이다.

셋째, 왜 질문을 하는지에 대해 불분명 할 때가 있다는 것이다.

넷째, 교사가 질문을 하고 스스로 답하는 경우가 있다는 것이다.

다섯째, 학습자를 벌하거나 학습자가 방어적인 자세를 취하게 하는 질문을 하는 경우가 있다.

좋은 질문을 하려면 어떻게 해야 할까?

질문 하나에도 고려해야 할 점이 여러 가지라니 어렵게 느껴질 수도 있겠다. 학습자중심 수업을 하는 교사가 학습자의 사고력과 문제해결력을 증진시키려면 수업 전에 질문할 것을 미리 계획해 두는 것이 좋다. 그리고 질문은 간결하고 분명하게, 요점을 살려서 제시한다. 효과적인 구두 질문은 효과적인 글쓰기와 유사한데 자연스럽고 대화적인 언어가 되도록 한다. 아울러 학습자의 응답을 앵무새처럼 반복하고 짧게 강화하는 패턴을 피한다. 예를 들어 "2곱하기 2는 얼마지? 4요. 그래 4지. 잘했어." 강충열, 정광순(2019)에 따르면 이런 패턴은 학습자의 탐구 능력을 저하시키고, 학습자가 하는 답의 길이와 질을 저하시킨다. 아래의 표는 질문 분류 유형인

데, 뒤에 나오는 전략 5에 제시된 설명과 함께 보면 이해하기 쉽다.

복잡성 수준		
지식	정보를 기억하거나 회상함	제1유형 행동
이해	표현형식을 다르게 바꿀 수 있음	
적용	배울 당시와는 다르게 다른 맥락에서 응용함	
분석	부분들로 나누고, 그 사이의 관련을 도출함	제2유형 행동
종합	부분들을 결합하여 해결 방안을 형성함	
평가	기준에 따라 산출물의 가치를 결정함	

질문 분류 유형

질문으로 밀당하기(탐색과 대기시간)

탐색probe은 질문에 대한 학습자의 대답과 관련하여 후속적으로 던지는 질문을 의미한다.

· 학습자 대답의 명료화를 꾀한다.
· 학습자 대답에 기초하거나 대답을 확장시켜주는 새로운 정보를 유도한다.
· 학습자 대답이 보다 건설적인 방향으로 나아가도록 다시 지시하거나 재구조화한다.

질문하고 탐색하는 동안에 고려해야 할 한 가지는 다른 질문을 제시하기 전에 얼마나 오래 기다리느냐 하는 것이다. 대기시간은 바람직한 대답을 이끄는 데 있어 질문이나 탐색 그 자체만큼 중요할 수 있다. 그리고 대기시간은 두 가지로 구별할 수 있다.

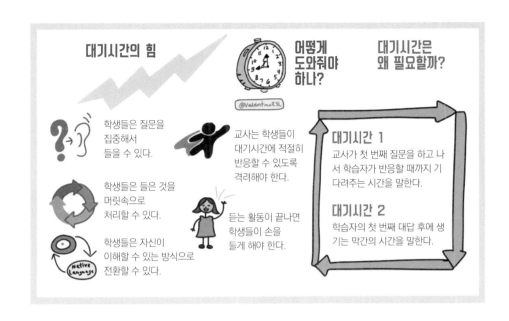

생산적인 피드백, 얼마나 중요할까?

교사의 말 한 마디에 좌지우지되는 학습자의 시기! 무심코 건넨 나의 한 마디가 학습자의 인생을 180도 바꿀 수 있다. 강도죄로 무기형을 선고받고 수감 중인 죄수가 경찰에 붙잡히고 나서 이런 말을 했다고 한다. 초등학교 때 선생님이 "너 착한 놈이다."라고 머리 한 번만 쓸어주었으면 여기까지는 안 왔을 거라고 말이다. 5학년 때 선생님이 "돈도 안 가져 왔는데 뭐 하러 학교에 왔냐."고 했을 때부터 마음속에 악마가 생겼단다.

피드백이란 교사의 지시나 질문에 대한 학습자의 반응에 교사가 응답해주는 것을 말한다. 교사의 피드백은 가르침이 있은 직후에 무비판적이고 지원적이어야 한다. 또 구체적이고 정확한 정보를 제공해주는 것이어야 한다. 피드백은 학습자 반응을 점검하여 학습을 완성시키는 효과도 있지만, 학습자의 수업 참여를 높이는 수단도 될 수 있다.

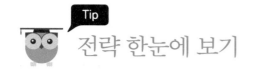

전략 1: 스스로 하기

전략 1은 학습자들이 학습 탐구를 스스로 계획하는 것을 돕기 위해 설계되었다. 학습자들이 직접 배우는 것을 선택하며, 더 나아가 학습한 것을 나타내는 방법까지 선택할 수 있도록 해야 한다.

● 방법

① 활동지 각 부분의 목적에 대해 설명하고, 필요하다면 예시를 제공한다.
② 다른 학습자들은 어떤 학습 방식을 선택했는지 비교해보고, 서로의 다양성을 존중하는 분위기를 만든다.

● 적용 및 확장

① 학습자들이 선택할 수 있는 목록을 만들거나 그들이 배울 내용을 정확하게 지정한다.
② 각 학습자들과 무엇을 배울지, 또 학습자들이 배운 것을 어떻게 표현할지에 대해 협의한다.
③ 학습자들이 자신의 학습을 표현할 수 있는 방법을 선택할 수 있게 여러 목적으로 활동지에 있는 아이디어를 활용한다.

Work Sheet 4-1	스스로 하기	172쪽
Work Sheet 4-2	개별 조사 계획	173쪽

전략 2: 같지만 다르게

전략 2는 학습자들에게 스스로의 생각을 발전시키도록 요구하고, 다른 의견을 가진 사람을 적극적으로 찾게 한다. 학습자들의 관점을 넓히고, 논리적 논쟁을 발전시키며 창의적 사고를 증진하는 데 목적이 있다.

● 방법

① 학습자들은 과학, 디자인이나 기술과 같은 내용 영역의 글을 받는다. 이것은 환경오염, 교복 또는 숙제와 같이 쟁점이 되는 문제를 다루는 데 효과적이다.

② 학습자들은 주요 아이디어를 적으며 자신의 생각을 정리한다.

③ 교실에서 다른 관점을 가진 학습자를 찾고, 의견을 주고받으며 요약한다.

④ 학습자들은 서로 어떻게 같고, 다른 지에 대한 논증을 종합하여 토의한다.

● 적용 및 확장

① 학습자들은 그들의 의견을 누군가에게 설득시키기 위해 노력할 수 있다.

② 학습자들은 원래 자신의 생각과는 다른 짝꿍의 생각을 다른 사람에게 설득시키기 위해 노력한다.

③ 학습자들은 서로 다른 주장을 합쳐 하나의 새로운 주장으로 만드는 것을 시도할 수 있다.

Work Sheet 4-3	같지만 다르게	174쪽

전략 3: 모으고, 더하고, 의사소통하기

전략 3은 학습 상황에서 어떤 결정을 해야 할 경우, 학습자들의 참여를 증진시키기 위해 설계되었다. 모으고, 더하고, 의사소통하는 활동은 교사와 학습자들에게 교육과정의 협상 가능한 측면을 제공하고, 책임감과 참여를 증진시킨다. 이 활동지는 한 단원의 첫 수업 시간에 사용할 수 있고, 학습자와 함께 질문에 대해 토의할 시간을 가지는 것이 좋다.

● 방법

① 교사들은 이미 이해한 것과 단원의 마지막 부분에서 학습자들이 성취하기를 원하는 초점 질문을 나열하는 것으로 활동지의 처음 부분(모으기)을 완성한다.

② 학습자들은 모둠 토의 시간 후에 개별적으로 더하기 부분을 완성한다.

③ 학습자들은 의사소통 부분을 완성한다. 특정 자료에 더 적합한 표현 방식이 있기 때문에 교사들은 학습자에게 특정한 방식으로 표현하기를 원할 수도 있다. 〈Work Sheet 4-4〉 의사소통하기 4번의 '콜라주'는 잡지나 신문에서 그림을 오려 풀로 붙여 표현하는 방식을 말한다.

● 적용 및 확장

① 학습자들을 평가 과정에 참여시킨다. 학습자들은 워크시트 뒷면에 학습 과정과 주제에 대해 배운 것을 적는다.

② 학습자들이 과제의 수준을 판단하는 기준을 결정하는 데 참여하게 하는 것도 좋다.

전략 4: 그림 모으기

전략 4는 학습자들이 신문, 잡지, 웹 사이트, 그림에 제시된 설명을 사용하여 실제 사건 및 문제의 범위에 대해 생각하도록 돕는다. 이미지 작업은 학습자들이 시각적인 텍스트를 비판적으로 분석하는 데 도움이 된다. 텍스트와의 상호 작용을 통해 학습자들은 주변 세계의 사건과 이슈에 대한 이해와 통찰력을 얻을 수 있다.

● **방법**

① 학습자들은 신문을 통해 다양한 주제를 다루는 데 사용된 이미지를 잘라내고, 수집한 컬렉션에서 대표 이미지를 선택한다.

② 학습자들에게 다음에 따라 이미지의 순위를 매기게 한다.

· 느낌(좋은 것→좋지 않은 것, 또는 불편한 것→편한 것)

· 관련 문제의 중요성

· 자신의 삶과 경험에 관련된 정도

③ 소규모 그룹에서 학습자들이 이미지 중 하나를 분석하고 설명을 적는다.

● **적용 및 확장**

① 학습자들은 이미지를 선택하고 그 안에서 일어나는 일을 설명하기 위해 간단한 설명을 작성한다. 사진이 찍히기 전에 무슨 일이 일어났는지를 보여주기 위해 하나의 사진을 그리고, 그 후에 일어난 일을 보여주기 위해 다른 사진을 그

린다. 이 두 가지를 실제 기사에 보도된 사건과 비교한다.

② 학습자들은 이미지를 선택하고 그 이미지가 무엇에 관한 것인지, 그들이 어떻게 느끼는지, 그리고 설명된 글을 읽기 전에 어떤 생각이 드는지 적는다.

③ 학습자들은 그들 자신을 그림에 넣는다. 그들은 어디에 있을까? 그들은 무엇을 하고 있을까? 그들은 어떻게 느낄까?

Work Sheet 4-6	그림 모으기	177쪽

전략 5: 사고 수준 질문 전략

전략 5를 이해하기 위해서는 아래 표에 제시된 인간의 사고 수준에 대한 블룸 Bloom의 분류 체계를 알아야 한다. 전병규(2016)에 따르면, 인간의 생각에는 수준이 있는데 질문은 생각이므로 고로 질문에도 수준이 있다고 할 수 있다. 더 높은 수준의 질문을 통해 학습자의 사고를 자극하려고 노력할 필요가 있다.

창의	정보를 조합하여 새로운 것을 만들어내도록 요구하는 질문
평가	정보의 쓰임새와 가치에 대해 판단을 요구하는 질문
분석	정보를 작은 것으로 나누어 조사하고 들여다보는 질문
적용	정보의 새로운 상황에 넣어보는 질문
이해	정보의 의미를 알고 자신의 말로 설명하도록 하는 질문
기억	듣거나 읽은 내용을 있는 그대로 확인하는 질문

또 블룸Bloom의 분류에 기초한 그론룬드Glonlund의 행동 용어를 활용하면 적절한 수준의 질문을 하는 데에 도움이 된다. 행동 용어에 따른 주요 활동 역시 구분할 수 있으므로 알아두면 여러모로 장점이 많다.

Work Sheet 4-7	사고 수준 질문하기	178쪽

〈참조: 박태호 역 (2014). 아하! 학생 배움중심의 수업 코칭 전략〉

사고 수준	행동 용어	주요 활동
창의	편집한다, 수정한다, 조직한다, 재배열한다 등	예측, 창안, 상상, 가정, 결합, 설계, 추정, 발명, 구성
평가	비교한다, 해석한다, 결론을 내린다, 대조한다 등	판단, 의견, 입증, 주장, 결정, 평가
분석	나눈다, 분리한다, 구별한다, 지적한다 등	확인, 조사, 지지, 순서, 결론, 연역, 범주, 이유, 비교
적용	계산한다, 발견한다, 수정한다, 이용한다 등	적용, 분류, 예시, 증명, 해결, 변환, 제작, 도표, 차트
이해	구별한다, 설명한다, 예를 든다, 번역한다 등	기술, 요약, 부연, 비교, 대조, 요지
기억	기술한다, 찾아낸다, 열거한다, 선택한다, 연결시킨다 등	정의, 암기, 설명, 열거, 재현, 검토

● 방법

① 가장 낮은 단계의 질문부터 시작하여 점차 단계를 높여가며 질문한다.

（기억 → 이해 → 적용 → 분석 → 평가 → 창의）

② 이 전략을 사용할 때, 각 질문에 정답을 맞히고 그것을 외우게 하는 것이 아니라 질문을 던짐으로써 학습자들의 마음속에 의문과 궁금증을 심어주고 그것을 다루면서 사고력을 신장시키는 방향으로 사용한다.

• 적용 및 확장

사고 수준 질문하기

이름 : _____

신발 수출 가능성에 대한 의문(초등학교 6학년 국어 교과서 지문)

이번 현지 조사를 시작하면서 우리는 먼저 그들의 생활 모습을 직접 관찰하였다. 가장 먼저 눈에 띤 것은 ○○ 나라 사람들은 대부분 신발을 신지 않은 채로 매우 자연스럽게 생활하고 있다는 것이었다. 그들은 오래전부터 땅을 직접 발로 밟고 살아왔기 때문에 신발 없이 메마른 땅바닥을 걸어 다닐 수 있을 정도로 단련된 발을 가지고 있었다. 그들은 발에 생기는 작은 상처들을 대수롭지 않게 여겼고, 상처가 나고 살이 굳기를 반복하면서 그들의 발은 점점 단련이 되어 가고 있었다. 심지어 어린이들도 맨발로 공을 차며 뛰어놀았다.

우리가 ○○ 나라 사람들에게 우리 회사의 신발을 보여주었을 때 그들은 낯선 물건에 대한 거부 반응을 보였다. 그들은 그것이 왜 필요하냐는 듯한 표정으로 우리를 쳐다보았다. 그들에게 신발은 편안함을 주는 필수품이 아니라 오히려 거추장스러운 물건에 지나지 않는다고 말하며 자리를 뜨는 사람도 있었다. 수백 년에 걸쳐 문화로 굳어진 그들의 생활양식을 바꾸는 것은 우리에게 역부족이라고 판단된다. 그들은 변하지 않을 것이다.

'○○ 나라에 신발 수출하기'라는 우리 회사의 올해 목표는 수정되어야 한다. 우리 회사가 ○○ 나라에 신발을 수출한다고 해도 판매 가능성은 거의 없기 때문이다.

※ 위 글을 읽고 각 사고 수준에 해당하는 질문의 예시를 만들어 보세요.

기억 : 우리 회사의 신발을 보여줬을 때 보인 반응은 무엇이었는가?
이해 : 신발 수출이 어렵다고 한 까닭은 무엇인가?
적용 : 신발을 팔 수 있는 나라는 어떤 나라인가?
분석 : ○○ 나라 사람들에게 신발을 팔게 하려면 어떻게 해야 할까?
평가 : 보고서의 주장은 타당한가?
창의 : 신발이 아닌 양말을 팔아보면 어떨까?

전략 6: CSI 질문 전략

전략 6은 특히 수학 교과에서 활용하면 좋다. 과학수사대가 범죄 현장에 남겨진 증거들을 수집하여 사건을 해결하듯이 학습자가 스스로 문제를 해결할 수 있도록 돕기 위해 만들어진 전략이다.

● **방법**

① C단계는 Comprehension의 머리글자로 문제를 이해하는 단계이다. 문제를 본격적으로 풀기 전에 제대로 이해하기 위한 기초적인 질문을 던지는 단계이다.

② S단계는 Solving의 머리글자로 문제를 본격적으로 풀어내는 단계이다. C단계에서 해석한 결과를 바탕으로 식을 세우고, 식을 바르게 세웠는지 확인한 후 식을 푸는 과정으로 이루어진다. 대표적인 질문은 다음과 같다.
  - 식을 어떻게 세울 수 있을까?
  - 어떻게 풀어야 할까?
  - 답이 대략 얼마일 것이라고 예상하는가?
  - 구한 답은 얼마인가?

③ I단계는 Inquiry의 머리글자로 문제를 푼 후, 제대로 풀었는지, 다른 방법은 없는지 등을 추가로 탐구하는 단계이다. 이를 통해 실수로 인한 오답을 걸러내고, 다양한 방식을 추구할 수 있다.
  - 풀이한 답이 예상한 답과 유사한가?
  - 다르게 풀 수 있는 방법에는 무엇이 있을까?
  - 답이 상식적으로 합당한가?

Work Sheet 4-8	CSI 질문하기	179쪽

• 적용 및 확장

\<WorkSheet 4-8 예시\>

CSI 질문하기
이름 : _____

다음의 지문을 읽고, C, S, I 단계별로 질문을 만들어 보세요. 그리고 문제를 해결해 봅시다.

> 요술 열기구를 타고 한 번 뛰면 2.5km를 올라갈 수 있습니다. 12km를 올라가려면 몇 번 뛰어야 하는지 알아봅시다.

단계	질문
C 단계	1. 구하고자 하는 것은 무엇인가요? : 12km를 올라가려면 몇 번 뛰어야 하는지입니다. 2. 주어진 조건은 무엇인가요? : 한 번 뛰면 2.5km를 올라갑니다.
S 단계	1. 식을 어떻게 세울 수 있을까요? : 12÷2.5입니다. 2. 왜 그렇게 식을 세울 수 있나요? : 12안에 2.5가 몇 번 들어갈 수 있는지 알아야 하기 때문입니다. 3. 답이 대략 얼마일 거라고 예상하나요? : 5가 안 될 것 같습니다.
I 단계	1. 답이 상식적으로 합당한가요? : 12안에 3이 대략 4번 들어가니까 합당합니다. 2. 다르게 풀 수 있는 방법이 있을까요? : 수직선을 그려서 풀 수 있습니다.

전략 7: 실험해석 질문 전략

전략 7은 실험을 할 때 학습자가 질문을 중심으로 실험의 과정을 살피고 학습할 수 있게 돕는 전략이다. 실험 전, 실험 중, 실험 후 단계로 나누고, 실험을 위해 특화된 질문으로써 과학 관련 활동에 주로 사용한다.

- **방법**

① 실험 전 단계에서는 실험 목적, 실험 도구, 실험 방법, 변인 통제, 안전 요인, 결과 예상의 6개의 항목에 대해 질문한다. 실험은 성공적으로 마쳤지만 학습자가 무엇을 배웠는지 모르는 경우, 대부분은 실험의 목적을 잊어버렸기 때문이다. 실험 목적을 파악했으면 어떤 실험 도구가 필요하고, 각 실험 도구는 어떤 의미를 가지는지 확인한다. 다음으로는 실험 방법을 이해해야 하는데, 일반적으로 여기서 실험이 어떤 순서로 어떻게 이루어지는지 질문을 통해 파악한다. 변인 통제는 학습자의 연령에 따라 어려울 수 있는 개념이지만 쉬운 용어를 사용해 이해할 수 있게 돕는다. 안전 요인은 학습자가 실험의 위험 요인에 대해 생각해 보고 위험을 예방하는 것으로 매우 중요하다. 결과 예상 질문을 해보는 것은 학습 효과를 높일 수 있다.

② 실험 중 단계에서는 우선 실험이 제대로 이루어지지 않은 경우 어떤 문제가 있었는지, 어떻게 수정하면 실험이 성공할 수 있을지를 질문해 보아야 한다.

실험에 성공한 경우	실험에 실패한 경우
· 어떤 변화가 생겼는가?	· 실험이 잘 되지 않은 이유는 무엇일까?
· 기울기가 커졌을 때 온도는 어떻게 변했는가?	· 어떻게 수정해야 실험이 잘 될까?

③ 실험 후 단계에서는 실험 결과와 실험을 통해서 알게 된 사실을 우리 삶에 적용·분석하며 평가하고 새로운 가능성을 탐구하는 질문을 던져야 한다.

| Work Sheet 4-9 | 실험해석 질문하기 | 180쪽 |

전략 8: 문제해결 질문 전략

전략 8은 '왜, 만약에, 어떻게'의 3단계로 문제의 본질을 이해하고 다양한 상황에서 해결하는 아이디어를 얻는 방법이다. 해결해야 할 문제 상황이 있는 경우면 언제나 사용할 수 있다. 이때, 문제 상황은 자세할수록 좋고 실제적인 사례를 제시하면 학습자 입장에서 더욱 구체적으로 질문을 만들 수 있기 때문에 효과적이다. 이 질문 전략은 역사 속에서 혁신을 일으킨 사람들이 자주 사용했던 질문 방법으로 매우 강력하다.

● **방법**

① 먼저 텍스트를 꼼꼼히 읽고, 내용 파악이 끝나면 본격적으로 '왜' 질문을 한다. 글을 읽고 생각할 수 있는 다양한 점을 대상으로 하여 '왜'라고 묻는다. 몇 가지 '왜' 질문이 나왔다면 이 중 하나를 골라 더욱 깊이 있는 '왜' 질문을 한다. 앞서 한 '왜' 질문이 확산적 질문이라면 이번에 하는 '왜' 질문은 수렴적 질문이다.

② '왜' 질문을 통해서 문제의 근본적인 원인을 이해했다고 생각하면 다음으로 '만약에'라고 질문할 차례이다. 문제의 원인을 해결하기 위한 다양한 방법들을 적용한다면 어떻게 될지를 '만약에'라고 물어 가능성을 탐구하도록 돕는 질문이다.

③ '어떻게' 질문은 '만약에' 질문에서 나온 문제해결의 가능성을 현실에 어떻게 적용할 수 있을지를 탐구하는 질문이다. 이런 단계를 거치면 더 체계적인 문제해결책을 얻을 수 있다.

| Work Sheet 4-10 | 문제해결 질문하기 | 181쪽 |

● 적용 및 확장

<WorkSheet 4-10 예시>

문제해결 질문하기

이름 : _____

충북 청주 산성 도로에서 또 사고가 났다. 이 도로는 2009년 11월 개통 뒤 지금까지 70여 명의 사상자를 낸 운전자 사이에선 '공포의 도로'라고 불린다. 특히 화물차 전복 사고가 잇따라 '화물차 사고로'라는 오명을 안고 있다. 지금까지 20여 건의 교통사고가 발생해 70여 명이 다쳤다. 이 가운데 8건이 화물차 전복 사고였다.

왜	1. 왜 산성 도로에는 사고가 났을까?
	2. 왜 다른 차보다 화물차 사고가 많을까?
	3. 왜 다른 사고보다 전복 사고가 많을까?
	4. 왜 빨리 사고를 막을 방법을 찾지 않을까?

만약에	1. 만약에 그 도로를 없앤다면 어떨까?
	2. 만약에 운전자의 시야를 확보할 수 있다면 어떨까?
	3. 만약에 내가 그 길을 지난다면 어떻게 해야 할까?
	4. 만약에 차량의 속도를 늦출 수 있다면 어떨까?

어떻게	1. 어떻게 해야 전복 사고를 줄일 수 있을까?
	2. 어떻게 차량의 속도를 늦추도록 유도할까?
	3. 어떻게 해야 전복 사고를 줄일 수 있을까?
	4. 사고를 막을 방법을 제대로 찾기 위해서는 어떻게 해야 할까?

전략 9: KWLM 질문 전략

전략 9는 KWL 차트에 기초하여 만들어졌는데, KWL 차트는 도나 오글Donna ogle(1986)에 의해 만들어졌다. 이것은 학습 내용에 대한 학습자의 사전지식을 활성화하고 학습자 자신의 생각을 주도적으로 이용하여 학습하도록 돕는다. 또한 학습자가 교실에서 배운 것을 교실 밖으로 확장하도록 돕기도 한다. KWLM 질문 전략은 배우게 될 내용과 배운 내용에 대해 자신의 생각을 확인하고 질문하는 학습 방법이다. 도입 활동은 K단계와 W단계로 끝나고, L단계와 M단계는 정리 활동에서 실시한다.

• 방법

① K Know단계에서는 앞으로 배울 내용에 대해 자신이 알고 있는 것what I Know을 확인하게 된다.

② W Want단계에서는 배울 내용과 관련하여 자신이 배우고 싶은 것what I Want에 대해 생각하게 된다. 주제에 대해 궁금한 점을 서로에게 묻게 된다.

③ L Learned단계는 배운 것what I Learned에 대해 생각하는 단계이다.

④ M More단계는 더 알고 싶은 것want to know More에 대해 생각해 보는 단계이다. 학습자는 학습을 하는 동안 생겼던 궁금증을 서로 질문하고 대화하며 탐구하게 된다.

| Work Sheet 4-11 | KWLM 질문하기 | 182쪽 |

• 적용 및 확장

① 더 많은 질문을 생성해내기 위해 주제에 관련된 내용 중 친구에게 물어보고

싶은 질문 세 가지를 적는다.

② 짝과 질문을 주고받으며 질문과 대답을 해본다.

③ 느낀점을 적는다.

| Work Sheet 4-12 | 질문 만들기 | 183쪽 |

〈WorkSheet 4-1〉 스스로 하기

스스로 하기	

1. 내가 배우고 싶은 것(지식)을 적어보세요.
 	
2. 내가 배우고 싶은 것(기술)을 적어보세요.
 	
4. 완성 날짜:
 	
   내 서명:
 	
   선생님 서명:
 	
   부모님 서명:
 	
5. 선생님 조언
	3. 배운 것을 표현할 방법에 'V' 표시해 보세요.
	
	☐ 신문 형식으로 보고서 쓰기
	☐ 편지쓰기
	☐ 테이프 녹음
	☐ 동영상 찍기
	☐ 랩 또는 노래 만들기
	☐ 시 쓰기
	☐ 반성적인 일기쓰기
	☐ O, X 질문 만들기
	☐ 인터뷰 만들기
	☐ 원인과 결과 바퀴 설계하기
	☐ 그림그리기
	☐ 모빌 만들기
	☐ 연극 각본 쓰기
	☐ 흐름도(플로차트) 그리기
	☐ 레시피 쓰기
	☐ 광고 디자인하기
	☐ 포스터/벽화 만들기
	☐ 만화 그리기
	☐ 사용설명서 만들기
	☐ '내가 누구게?' 퀴즈 만들기
	☐ 벤다이어그램 만들기
	☐ 그래프 만들기
	☐ 게임 만들기
	☐ 반대되는 이미지 그리기
	☐ 서약쓰기

〈WorkSheet 4-2〉 개별 조사 계획

개별 조사 계획

이름 _____

◆ 내 질문은 무엇이고, 내가 탐구하기를 원하는 것은 무엇인가요?

·
·
·

◆ 이것을 어떻게 발견할 것인가요?(해당 칸에 'V' 표시하세요.)

☐ 사람들과 이야기를 해서 ☐ 책을 읽어서 ☐ 컴퓨터를 사용해서
☐ 어딘가 직접 가서 ☐ 비디오/DVD를 봐서 ☐ 다른 방법(스스로 그리기 등)

◆ 내가 알게 된 것을 어떻게 보여줄 것인가요?

☐ 그리기 ☐ 쓰기 ☐ 이야기하기 ☐ 컴퓨터 사용하기
☐ 몸으로 움직이기 ☐ 노래/음악 ☐ 모형 만들기

◆ 언제 공유할 준비가 되겠는지 날짜를 쓰세요.

:

서명: _____(학습자)

서명: _____(교사)

〈WorkSheet 4-3〉 같지만 다르게

같지만 다르게
이름 _____

내 생각	다른 사람의 생각
• • •	• • •
우리의 생각이 얼마나 비슷한가요? • • •	우리의 생각은 어떻게 다른가요? • • •

〈WorkSheet 4-4〉 모으고, 더하고, 의사소통하기

모으고, 더하고, 의사소통하기
이름 _____

모으기

정보나 질문 나열하기

-
-
-

더하기

나 자신의 질문 제기하기

-
-
-

의사소통하기

다른 학습자와 배운 것을 공유할 때 어떤 방법을 사용할지 선택해 보세요.	
1. 포스터	2. 역할놀이
3. 발표	4. 콜라주
5. 개념도	6. 그림 그리기
7. 보고서	8. 생각 쓰기
다른 의견 :	

〈WorkSheet 4-5〉 의사결정에 참여하기

의사결정에 참여하기	
	이름 _____
교사 목표	
학생 목표	
시간 활용 계획	
성공 기준	
교사 피드백	
자기 평가	

나의 목표는?

〈WorkSheet 4-6〉 그림 모으기

그림 모으기
이름 _____

〈WorkSheet 4-7〉 사고 수준 질문하기

사고 수준 질문하기

이름 _____

※위 글을 읽고, 각 사고 수준에 해당하는 질문을 만들어 보세요(아래 표 참고).

기억 :

이해 :

적용 :

분석 :

평가 :

창의 :

사고 수준	행동 용어	주요 활동
창의	편집한다, 수정한다, 조직한다, 재배열한다 등	예측, 창안, 상상, 가정, 결합, 설계, 추정, 발명, 구성
평가	비교한다, 해석한다, 결론을 내린다, 대조한다 등	판단, 의견, 입증, 주장, 결정, 평가
분석	나눈다, 분리한다, 구별한다, 지적한다 등	확인, 조사, 지지, 순서, 결론, 연역, 범주, 이유, 비교
적용	계산한다, 발견한다, 수정한다, 이용한다 등	적용, 분류, 예시, 증명, 해결, 변환, 제작, 도표, 차트
이해	구별한다, 설명한다, 예를 든다, 번역한다 등	기술, 요약, 부연, 비교, 대조, 요지
기억	기술한다, 찾아낸다, 열거한다, 선택한다, 연결시킨다 등	정의, 암기, 설명, 열거, 재현, 검토

〈WorkSheet 4-8〉 CSI 질문하기

CSI 질문하기

이름 _____

다음의 지문을 읽고, C, S, I 단계별로 질문을 만들어 보세요. 그리고 문제를 해결해 봅시다.

단계	질문
C단계	
S단계	
I단계	

〈WorkSheet 4-9〉 실험해석 질문하기

실험해석 질문하기

이름 _____

실험 전

실험 목적		
실험 도구		
실험 방법		
변인 통제		
안전 요인		
결과 예상		

실험 중

실패 요인		
결과 확인		
의미 해석		

실험 후

적용		
분석		
평가		
창의		

〈WorkSheet 4-10〉 문제해결 질문하기

문제해결 질문하기

이름 _____

왜	1.	
	2.	
	3.	
	4.	
만약에	1.	
	2.	
	3.	
	4.	
어떻게	1.	
	2.	
	3.	
	4.	

〈WorkSheet 4-11〉 KWLM 질문하기

KWLM 질문하기	

이름 _____

단계	내용
K Know 알고 있는 것	
W Want to know 알고 싶은 것	
L Learned 배운 것	
M want to know More 더 알고 싶은 것	

〈WorkSheet 4-12〉 질문 만들기

질문 만들기

이름 _____

※ 다음 주제에 대해 친구에게 물어보고 싶은 질문을 세 가지 만들어 봅시다.

주제 :	
질문 1	
질문 2	
질문 3	

※ 짝과 질문 주고받기를 해봅시다. 한 사람이 질문을 하면 다른 사람은 대답을 합니다.
　 질문 3개가 모두 끝나면 질문하는 사람과 대답하는 사람의 역할이 바뀝니다.

	어깨 짝의 대답 (옆에 앉은 친구)	얼굴 짝의 대답 (앞뒤에 앉은 친구)
질문 1		
질문 2		
질문 3		

※ 활동을 통해 새롭게 알게 된 점이나 느낀 점을 써봅시다.

☺   ☺

도움을 주는 교육 정보

http://edpolicy.kedi.re.kr

교육정책네트워크 정보센터

다양한 학습자를 수용하기 위해서는 정부 부처와 시·도교육청, 교육 유관기관 간의 긴밀한 협력이 필요하다. 이를 위해 한국교육개발원에서 제공하는 사이트로, 교육정책 관련 공동연구, 정보공유 및 교육정책의 수립, 추진지원을 위한 협력 체제라고 할 수 있다.

1. 소개

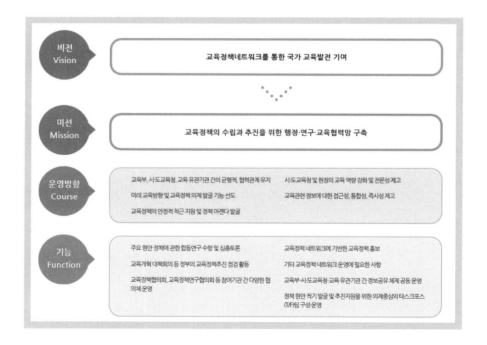

2. 유용한 메뉴

이 사이트를 통해 여러 정보를 활용할 수 있지만 특히 최신 해외교육동향을 파악하는 데 매우 유용하다. 국가별 교육 동향을 교수·학습 방법, 학부모·지역사회, 교육과정, 교육교류·협력 등의 주제별 분류를 통해 검색할 수 있다.

비법 5

공부가 즐거워지는 교실_ 물리적 환경

빽빽한 책상과 의자로
숨 쉴 틈 없는 교실.
학습자중심교육을 싹 틔우기 위해
교실 환경을 정비하는 것이
도움이 될 것이다.

편안한 색감과 유동적인 물건 배치로
자유로운 분위기가 연출된 교실.
학습자들의 학습 의욕을 고취시키고,
교사도 즐거운 공간에서
학습자중심교육을 실현해 보자.

교실을 편안한 곳으로 만들고 싶은 문 교사

scene1

오늘도 우리 반에서는 책상 옆에 걸어놓은 가방에 걸려 한 학생이 넘어졌다.

scene2

책상과 의자로 가득찬 교실. 어떻게 활기차고 생기있는 공간으로 만들 수 있을까?

scene3

교실은 교사들에게도 불편하긴 마찬가지이다. 교탁과 칠판 사이의 좁은 공간이 활동범위의 전부이기 때문이다.

scene4

교실에 매트를 두어 학생과 교사 모두 몸과 마음이 편안한 학교 생활을 하는 때가 오길 기대해 본다.

교실에서 생활하는 학습자가 주인이 되어야 한다

수업을 마치고 집에 돌아온 문 선생님은 하루 내내 긴장했던 마음을 풀고 침대에 뛰어들었다. 오늘 하루, 학교에서 있었던 일들이 영화의 한 장면처럼 지나간다. 책상 옆에 걸린 가방에 걸려 넘어진 정빈이, 작은 사물함에 이것, 저것 다 구겨 넣고 닫히지도 않는 문을 억지로 닫다가 결국 상처를 얻고 만 지우, 먼지가 잔뜩 쌓여있는 교구장….

"어이쿠 정빈아, 조심해야지. 어쩌다 넘어졌니? 다친 곳은 없고?"

"선생님, 책상도 많고 그 옆에 가방까지 걸려있어서 자유롭게 다닐 수가 없어요."

"그래, 교실이 더 넓고 쾌적하면 좋을 텐데, 미안하구나."

교실은, 더 나아가 학교는 집처럼 편안한 곳일 수 없을까? 이내 학교에 오는 학습자들도 교실을 더욱 머물고 싶고, 오고 싶은 곳으로 느끼면 좋을 텐데 하는 생각이 머릿속을 스쳐 지나간다. 문 선생님 역시 학교에서 수업과 업무로 오랜 시간을 보내다 보면 스트레칭이라도 할 수 있는 매트가 있으면 좋겠다고 종종 생각했다.

교실은 학생들이 학교에서 가장 많은 시간을 보내는 곳이다. 또 교실 공간의 모습에 따라 학습자들이 그곳에서 하는 행동이나 모습이 결정될 수 있다. 교실에 안락의자가 있으면 거기에 앉아서 쉴 수 있지만, 안락의자가 없다면? 문 선생님은 자신이 학교 다닐 때와 비교하여 별로 달라진 것이 없는 교실을 생각하니 참 신기했다. 세상은 바쁘게 변해 왔는데 이 네모난 공간은 그때나 지금이나 그대로라니… 그리고 학교 교실에 대해 진지하게 고민해 볼 때라는 생각이 들었다.

그때, 학교에 있는 교실을 둘러볼 때 눈여겨보았던 한 선배 교사의 교실이 떠올랐다. 거기에는 특별하고 새로운 아이템이 있는 것은 아니었지만 특유의 편안하고 정돈된 분위기가 있어 여러 가지가 궁금해지는 교실이었다. 그 선배라면 무언가 교실 공간에 대한 철학이 있을 것 같았다.

선배의 교실 앞에 도착하니 아무도 없었다. 창문 너머로 다시 그 공간을 들여다보았다. 무언가 따뜻한 기운이 감싸는 듯한 기분이 들었다. 왜 그럴까? 그때, 선배님의 목소리가 들렸다.

"여기엔 웬일이에요?"

"아우 깜짝이야. 선생님, 저 여쭙고 싶은 게 있어서 왔어요."

선배님이 생각하는 교실에 대한 철학이 궁금하다고 하니 빙그레 웃으면서 이렇게 말씀하셨다.

"다른 건 없어요. 그 공간 안에서 생활하는 학습자가 주인이 되어야 한다고 생각해요."

그 말을 듣고 다시 살펴보니 교실 곳곳이 학습자의 작품으로 꾸며져 있었다. 그래서 살아 숨 쉬는 것 같은 분위기가 느껴졌던 것일까.

"친구들의 작품을 서로 감상하는 게 중요하다고 생각해요. 다른 생각들이 그 곳에서 공유되고, 서로를 받아들일 수 있는 발판이 된다고 믿거든요. 그리고 미적 감각도 기를 수 있고요."

게시판 하나에도 이렇게 많은 철학이 들어있구나 하고 새삼 감탄했다.

"선배님, 감사합니다. 많은 도움이 되었어요."

인사를 마치고 나오는데 왠지 어깨가 무거워졌다. 그런 내 모습을 눈치 채셨는지 선배님은 날 격려해주셨다.

"선생님 교실도 참 좋다고 생각했어요. 반짝이는 아이디어들이 많이 있던데요?"

선배와의 대화에서 깨달은 것이 하나 있었다. 그 교실에서 영위되는 학습자의 삶이 의미를 가지는 공간이 되는 것. 그것이 교실이 가져야 할 기본 가치 중의 하나이다.

오고 싶은 교실, 머물고 싶은 교실 만들기

'진정한 발견이란 새로운 땅을 찾는 것이 아니라 새로운 눈을 갖는 것이다.' 마르셀 프루스트Marcel Proust의 말이다. 교실을 새롭게 만들고 싶다면 우리에게 필요한 것은 교실이라는 공간에 대한 새로운 철학과 안목, 즉 교실을 보는 새로운 눈을 갖는 것이다. 볼노우Bollnow(1903~1991)의 교육적 공간에 대한 생각을 살펴보자.

"우리가 교육에 관하여 생각할 때 고찰해야 할 공간은 수학자나 물리학자가 생각하는 추상적이고 동질적인 공간이어서는 안 되며 인간에 의해서 체험되는 구체적인 공간, 거기서 실제로 인간의 삶이 이루어지고 있는 공간이다."

김윤영(2014)에 따르면 이와 같은 공간 논의가 교실 공간에 주는 시사점을 정리해 보면 다음과 같다. 첫째, 교실 공간을 단순히 물리적 공간으로 인식해서는 안 되며, 인간에 의해서 체험되는 구체적인 삶이 이루어지고 있는 '삶의 공간'으로 인식해야 한다는 점이다. 둘째, 교실 공간에서 바람직한 교육이 이루어지고 교육의 성과를 거두기 위해서는 아늑한 분위기와 신뢰감의 형성이 전제되어야 한다.

교실 엿보기

'We shape our buildings, and afterwards our building shape us'

(우리는 건물을 만들었을 뿐이고, 이후에는 이 건물이 우리를 만들 것이다.)

1943년 영국 총리 윈스턴 처칠Winston Churchill이 국회의사당 재건을 앞두고 한 말이다. 건물이 우리에게 미치는 영향은 이 한 문장에 모두 담겨있다고 해도 과언이 아니다. 학교는, 더 나아가 교실은 학습자의 성취에 많은 영향을 미친다. 학업 성취뿐만 아니라 정서와 같은 정의적 영역에도 파급력이 크다. 우리의 교실은 어떠한가? 학습자들의 성취를 촉진하는 방향으로 구성되어 있는가?

학습자들의 삶이 묻어나는 생생한 교실 공간을 만들기 위해 고정관념을 버리고 과감한 시도를 해보는 것도 좋다. 사물함을 복도로 빼서 교실 뒤의 공간을 확보한 뒤, 우리 반의 학습자들을 위한 다양한 공간을 조성해 보는 것이다. 예를 들어, 빈백 소파를 두는 것을 상상해 보자. 학습자들은 쉬는 시간 동안 신나게 그곳에서 서로 의사소통하고, 또 편안하게 앉아서 책을 볼 수도 있을 것이다.

또 매트가 깔려 있는 교실 바닥은 어떨까? 수업 시간 동안 의자에 앉아 있다가 바닥에 앉아서 교실을 둘러보면 교실 공간에 대해 새로운 인식이 생길 것이다. 시멘트로 된 교실 바닥은 너무 차갑고 딱딱하여 감히 앉을 생각조차 할 수 없지만 푹신한 매트를 깔면 180도 다르게 활용할 수 있다.

사물함을 내보낸 후 확보한 교실 공간에 학습자들이 좋아하는 사방치기를 할 수 있게 색깔 테이프로 선을 그려두는 것도 창의적인 공간 활용의 좋은 예이다.

교실 바닥의 사방치기 라인

교실 디자인 혁신

조진일(2018)에 따르면 오늘날의 교육 패러다임은 더 이상 지식 전달이 아니라, 지식의 생성과 순환에 관한 것이다. 따라서 학습 공간도 필요에 따라 재구성되어야 한다. 교육적 혁신은 학습이 일어나는 공간의 혁신을 필요로 한다. 쉽게 말하자면, 교육 공간이 우리가 바라는 교육적 이상과 맞지 않다면 학생들의 학습을 방해할 것이다. 그렇다면 혁신적인 학급 공간조성을 위한 디자인의 방향은 어떠해야 하는가? 미국의 슈닝거와 토마스 머레이Sheninger & Thomas Murray(2017)는 다음의 여덟 가지를 이야기하고 있다.

혁신적인 학급 공간조성을 위한 디자인의 방향

요소	내용
협동을 위한 디자인	유동성 있는 자리 배치, 편안한 가구 등이 있어야 하며, 짧은 시간에 재배치할 수 있는 공간
자기주도적 학습을 위한 디자인	학생이 독립적으로 작업할 수 있는 기회를 제공하는 공간
조사, 탐구, 그리고 창작을 위한 디자인	학생과 교사 간의 경계 없이 학생 스스로 창작행위를 할 수 있는 유형으로 조성
능동적 학습을 위한 디자인	학생들의 능동적인 움직임으로 뇌에 산소 및 혈액 공급을 촉진하여 더 높은 수준의 학습을 가능하게 하는 공간
관계 형성을 위한 디자인	사회적 기술을 기르고 관계를 형성하는 학습공간은 교실과 학생이 교직원과 격식을 갖추지 않고 만날 수 있는 공용 공간까지 연결
소속감을 위한 디자인	공간에 대한 소속감을 증진시키기 위한 개별화된 학습 중심 공간
지속성을 위한 디자인	비용 면에서 효과적이고 학습자들에게 이로운 친환경적인 디자인
학생 안전을 위한 디자인	공간이 재설계될 때 필수적인 것은 학생 안전을 고려하는 것

효과 만점! 강력 추천 아이템

빈 백은 편안한 학급 분위기를 만들 수 있는 아이템으로 사용 방법의 지도가 꼭 필요하다. 책도 읽고, 이야기도 할 수 있는 자율적인 규칙을 정해 사용할 수 있게 한다.

매트는 차가운 교실을 따뜻하고 아늑하게 사용할 수 있는 좋은 아이템이다. 올라갈 때 실내화를 벗고 올라가도록 지도하면 깔끔하게 사용할 수 있다.

교실을 역동적인 곳으로 만들어주는 효자 아이템인 미니 탁구대는 교실 환경에 맞는 크기로 구입하면 좋다. 사용 후에는 스스로 정리하도록 지도한다.

비 오는 날에도 실내에서 활용할 수 있는 간이 네트는 여러모로 쓸모가 많다. 설치와 제거 시 안전에 유의하도록 한다.

앉는 방식은 어떻게 정할까?

학부모 상담을 하다 보면 "우리 아이를 앞에 앉게 해주세요."라는 요청을 들을 때가 많다. 자리에 따라 학습 태도가 달라지기도 하니 어떤 방법으로 자리를 배치할 것인지 교사는 많은 고민을 거듭하게 된다. 이럴 때는 몇 가지 원칙을 세워놓으면 자리를 배치할 때 도움이 된다.

첫째, 자리 배치를 할 때 어떤 학습자를 먼저 배려해야 하는지 학습자들에게 물어본다. 둘째, 배려해야 하는 학습자를 먼저 배치하고 나머지 학습자들은 다양한 방법으로 배치한다. 다양하게 자리를 배치하고 앞자리에 앉을 수 있는 기회를 골고루 주는 것이 좋다.

학급에서 주로 쓰이는 자리 배치 형태의 특징을 알아두면 교과나 학습의 형태에 맞게 활용할 수 있다. 그리고 각 자리 배치의 장·단점을 염두에 두고 융통성 있게 활용하는 것이 좋다.

자리배치 방식

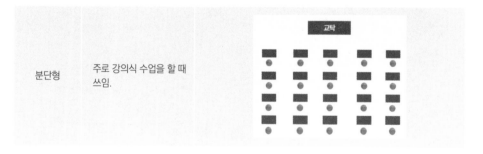

| 분단형 | 주로 강의식 수업을 할 때 쓰임. | |

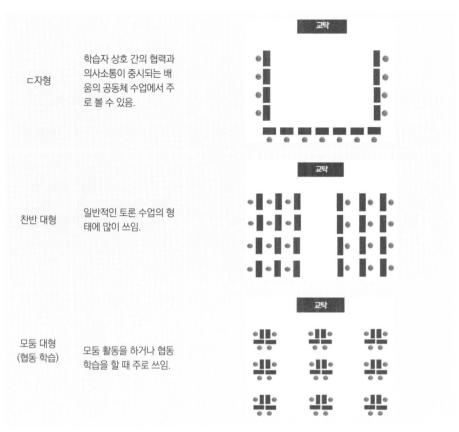

ㄷ자형	학습자 상호 간의 협력과 의사소통이 중시되는 배움의 공동체 수업에서 주로 볼 수 있음.	
찬반 대형	일반적인 토론 수업의 형태에 많이 쓰임.	
모둠 대형 (협동 학습)	모둠 활동을 하거나 협동 학습을 할 때 주로 쓰임.	

〈참조: 김현섭(2015). 질문이 살아있는 수업.〉

모둠 구성은 이렇게 해보아요.

많은 교실에서 4~6인 모둠을 운영하고 있는데 협동 학습에서는 보통 성적을 기준으로 모둠을 구성한다. 가장 잘하는 학습자, 못 하는 학습자, 중간 성적의 학습자 둘 이렇게 4인 구성이 가장 기본이 된다. 또 자리에 앉을 때도 가장 잘 하는 학습자와 못 하는 학습자가 서로 대각선에 앉고 그 양 옆에는 중간 성적의 학습자들이 앉는다.

그러나 초등학교에서는 성적보다는 학습자들의 관계를 먼저 헤아리고 나서 모둠을 운영하는 것도 좋다. 또 여러 이유에서 무작위로 모둠을 꾸리기도 하는데 가장 큰 이유 중의 하나는 사회성을 쌓는 과정으로 삼기 위함이다. 성격을 미리 고려해서 모둠을 구성하면 크고 작은 다툼이 덜 생길 수 있다. 모둠은 작은 사회이다. 따라서 성격이 조금 맞지 않더라도 함께 지낼 수 있어야 하고, 그 과정을 통해 학습자들이 서로 맞춰가는 경험을 쌓아 사회성을 기를 수 있다.

환경 구성 warm up

환경 구성의 팁을 하나 이야기해 보자면 환경 구성에 너무 많은 시간을 할애할 필요는 없다는 것이다. 물론 새 학기가 시작되기 전에 교사가 미리 준비해야 할 부분이 반드시 있다. 그러나 깨끗하고 깔끔하게 기반을 다지는 것으로 충분하고, 나머지는 학습자들의 작품으로 채우는 것이 가장 좋다. 학습자가 교실의 주인이고, 가장 오래 머무는 곳인데 그 사람의 삶이 묻어나는 공간으로 교실을 꾸미는 것이 바람직하다.

만약 우리 반이 산만한 학습자들이 많고 유난히 과잉행동을 하는 학습자들이 많은 경우라면, 교실 환경이 단순한 것이 좋다. 알록달록한 교실 환경에 자극을 받은 학습자들이 더욱 산만해질 수 있기 때문이다. 이런 경우, 학습자들이 수업에만 집중할 수 있게 주변을 간단하게 둔다.

그러나 초등학교 교실이 너무 삭막한 것은 정서에 좋지 않으니 따뜻하고 안정감을 느낄 수 있게 편안한 환경을 조성한다. 무엇보다 중요한 것은 공간의 주인인 학습자와 함께 교실을 만들어 간다는 인식이다.

교실 공간 꾸미기의 모든 것!

　교실에서 활용할 수 있는 공간으로는 크게 교실 앞면, 뒷면, 옆면을 생각할 수 있다. 교실 앞면은 칠판 양 옆으로 활용 가능한 공간이 있는데, 이곳은 알림을 위한 기능을 한다. 또 수업 시간에 시선이 분산되지 않게 간단하게 꾸미는 것이 좋고, 시간표나 필요한 안내문을 게시해 둘 수 있다. 그리고 교실 앞 쪽에는 교탁이 있는데 교탁 주변은 항상 깔끔하게 정리해 두어야 한다.

　교실 뒷면은 주로 학습자들과 함께 꾸미는 공간으로 생각할 수 있다. 학급의 급훈을 뒤 게시판의 제목으로 활용하는 것이 일반적이고, 새 학기에 반 이름이나 학급 목표, 나의 꿈 등으로 교실 환경을 꾸며보는 것도 좋다. 모둠별로 한 글자씩, 또는 짝끼리 한 글자씩 맡아 꾸밀 수 있다. 학습자들의 수만큼이나 다양한 꾸밈 글자가 나올 것이고 모양도 색깔도 모두 다르지만 학습자들은 참 좋아한다. 뒤 게시판은 학습자의 작품으로 자주 교체하는 것이 좋고 작품을 게시하기 전에 밑판을 덧대어 놓는 것이 도움이 된다. 그래야 작품을 떼고 다시 같은 자리에 새로운 작품을 붙이기가 용이하다.

　교실 옆면도 활용할 수 있는 공간이 상당한데, 학습자들의 동선과 안전을 고려하여 물건을 배치하는 것이 좋다.

비행기를 타고 날아가 볼까?

　다른 나라의 학습자들은 어떤 교실에서 생활하고 있을까? 해외 여러 나라의 교실 공간 조성 사례를 살펴보면서 우리나라에 주는 시사점을 찾아보고, 직접 활용할 수 있는 것들이 있는지 탐색해 보자.

미국의 South Region Elementary School은 쾌적하고 깨끗해 보이는 것이 큰 장점이다. 학급당 학생 수 감소로 발생하는 여유 공간에 남는 책상과 의자를 두고 수준별 학습에 활용하고 있었다. 또 일반 교실에도 컴퓨터를 두어 수업 중간에 정보나 자료를 검색할 수 있게 한 것도 큰 특징 중의 하나였다.

호주의 Holy Cross Primary School은 책상 상판의 형태가 매우 특이한 물결무늬인데, 부드럽고 다양한 형태로 제작하여 1~2인용 또는 모두 조합이 가능하게 만들었다. 초등학교 저학년 교실을 예로 보여주었는데, 색채는 아동의 정서와 감성을 고려하여 온화한 난색 계열로 조성하였다. 학급당 학생 수 감소로 인해 여유 면적이 발생하면 따뜻한 패브릭 재질의 소파나 스툴을 설치하여 다양한 교수·학습 형태를 유도하고 있었다.

일반 교실

South Region Elementary School, USA

일반교실에도 컴퓨터를 설치하여 수업중간에 정보나 자료를 검색할 수 있도록 함.

학생의 이해수준과 눈높이에 맞는 교재, 교구를 활용함.

학급당 학생수 감소로 발생하는 잉여 책/걸상을 수준별 학습에 활용함.

"South Region Elementary School" 은 주목할 만한 학교 건축물로 유명할 뿐만 아니라 지역활성화의 촉매제가 되는 미국의 초등학교이다.

일반
교실

초등학교 저학년 교실의 경우 학급당 학생수 감소로 인해
여유면적이 발생하면, 따뜻한 패브릭 재질의 소파, 스툴 등
을 설치하여 다양한 교수-학습 형태를 유도함.

초등학교 저학년 교실 내부
색채는 아동의 정서와 감성
등을 고려하여 온화한 난색
계열로 조성함.

책상 상판을 부드럽고, 다
양한 형태로 제작하여 1-2
인용 또는 조합이 모두 가
능하게 함.

"Holy Cross Primary School" 은 유치원에서 6학년 학생이 다니는 호주의 초등학교이다.

독일의 International School of Stuttgart에서는 교실의 용도와 사용자 환경에 맞게 학습 교구를 비치하거나 학생의 작품을 전시하는 공간이 마련되어 있고, 학습자의 눈높이와 키에 맞게 조절할 수 있는 다목적 칠판을 두어 사용의 편의성을 높였다. 또 독일에 있는 Erika Mann Grundschule는 스툴을 사용하기도 하고, 모둠별 학습 시 넓게 펼쳐야 하는 학습도구, 교재 등이 있을 수 있으므로 바닥에서 활동해도 안전한 마감재로 마감을 하였다. 스툴은 편평한 바닥을 갖고 있는 의자가 아니라 곡면진 의자로 바른 자세와 집중이 요구되는 수업의 경우에 사용된다고 한다. 가급적이면 교실 바닥은 냉 · 난방이 가능하게 만드는 것이 좋다.

스웨덴의 Soldala Skolan은 바깥 활동이 많은 저학년 교실의 경우, 교실에서 바로 밖으로 나갈 수 있는 출입문을 만들어 활용한다. 저학년 학급 교실 내 여유 면적이 있다면 이야기 방식의 수업도 가능하도록 바닥에 러그나 카펫을 깔기도 한다.

International School of Stuttgart, Germany

일반
교실

교실의 용도와 사용자 환경에 맞춰 다양한 학습 교구를 비치하거나, 학생들의 성과물을 게시, 전시할 수 있도록 조성함.

학생들의 키에 맞게 높낮이 조절이 가능한 다목적 칠판을 조성하여 사용 편의성을 높임.

책상을 활용하여 팀별, 조별, 그룹 학습 등 다양한 학습규모가 가능하도록 충분한 크기의 교실 공간을 조성함.

"International School of Stuttgart"은 30년 동안 학습자중심 교육과정을 바탕으로
진정한 국제 교육을 실천해오고 있는 독일의 국제 학교이다.

Erika Mann Grundschule, Germany

일반
교실

교실의 용도 및 사용 시간 등(특히, 바른 자세와 집중이 요구되는 수업 시)에 따라 필요 시 스툴(hokki stool ; 바닥이 편평하지 않고 곡면진 의자) 사용을 고려할 수 있음.

팀별/조별 학습 시 넓게 펼쳐야 하는 학습도구, 교재 등이 있을 수 있으므로, 필요 시 바닥에서도 학습활동이 가능한 재질로 마감함.

교실은 가급적 바닥 냉/난방이 가능하도록 조성하는 것이 바람직함.

"Erika Mann Grundschule" 은 감각적인 디자인으로
독일 건축미술관에도 소개된 독일의 초등학교이다.

일반 교실

Soldala Skolan, Sweden

초등학교 저학년 교실의 경우 바깥활동이 많으므로, 교실에서 직접 외부로 나갈 수 있도록 문을 설치함.

저학년 학급교실 내 여유면적이 있다면, 이야기방식의 수업도 가능하도록 바닥에 러그 또는 카펫을 설치함.

"Soldala Skolan"은 유치원에서 9학년 학생이 다니는
스웨덴 쇠데르텔리에의 공립학교이다.

〈참조: 한국교육개발원(2017). EDUMAC 교육시설 해외연수 자료집.〉

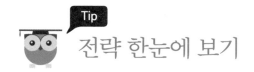

전략 한눈에 보기

전략 1: 교실 인테리어 아이디어 모으기

건물의 외형을 바꾸는 것은 학습자들이 쉽게 할 수 없지만 내부를 바꾸는 것은 얼마든지 가능하다. 학습자들의 머릿속에만 존재하던 교실 공간을 실현할 수 있는 좋은 기회라고나 할까? 우선 교실에 새로운 물건을 들이기 전에 먼저 필요 없는 것이 있는지 살펴봐야 한다. 그 후에 추가로 있으면 좋을 물건을 생각해 보고 배치도 다시 하면 효율적인 인테리어가 될 것이다. 무엇보다 중요한 것은 정리정돈과 깔끔한 실내이므로 새로운 배치 후에는 간단한 청소로 늘 정돈된 실내를 유지하는 것이 중요하다.

• **방법**

① 교실을 살펴보고, 필요 없는 것들을 써 본다.

② 교실에 새롭게 있으면 좋을 것들을 생각해 본다.

③ 교실에 이미 있는 물건과 새로 있으면 좋을 것들을 다시 배치하여 그린다.

④ 생각한 내용을 친구들과 자유롭게 토의한다.

Work Sheet 5-1	교실 인테리어 1	208쪽
Work Sheet 5-2	교실 인테리어 2	209쪽

• **적용 및 확장**

모아진 인테리어 아이디어에 따라 물건을 재배치하고 깨끗하게 청소한 후, 점검표를 활용한다.

전략 2: 교실 설계 아이디어 공모하기

학습자들은 통통 튀는 아이디어를 품고 있다. 함께 살아갈 교실을 어떻게 설계하고 변화시키는 게 나을지 물으면 좋은 의견이 나올 수 있다. 교실을 바꾸는 것이 학습자 자신의 삶과 깊은 연관이 있다는 것을 깨닫게 하면 더욱 효과적이다. 교실에서 불편했던 점을 바탕으로 생각을 떠올린 다음, 변화의 방향을 제시해보게 한다. 학습자들이 낸 아이디어 중 여러 가지를 채택하여 교실을 설계하면, 학습자들이 살아 숨 쉬는 교실이 될 것이다.

● 방법

① 우리 교실의 불편한 점을 3~4가지 정도 써 본다.

② 불편한 점을 어떻게 고치면 더 편안한 교실이 되겠는지 적는다.

③ '우리 교실이 이렇게 되면 좋겠다.'는 형식으로 바꾸어 적어 최종적인 변화의 방향을 제시한다.

④ 발표를 하고 의견을 수렴하여 최종 채택할 의견을 선정한다.

● 적용 및 확장

① 미술 교과와 연계하여 모둠별 또는 개별 공모전을 기획할 수 있다. 교실 설계 공모전을 개최하여 교실 설계도를 그리고 좋은 아이디어를 채택한다.

Work Sheet 블로그	교실 설계 아이디어 공모전 1	📁
Work Sheet 블로그	교실 설계 아이디어 공모전 2	📁

전략 3: 미래의 나의 꿈으로 교실 공간 꾸미기

전략 3은 학습자들과 함께 교실 공간을 마음껏 누릴 수 있는 재미있는 프로젝트이다. 학습자들은 정해진 크기의 책상, 딱딱한 의자를 없애고 넓은 바닥에서 서로 협력하고 소통하며 활동할 수 있다. 유연한 공간에서 학습자들은 최대의 창의성을 발휘할 수 있고, 서로의 꿈에 대해 알아가는 소통의 장을 만들 수 있다.

● **방법**

① 교실에 있는 책상과 의자를 모두 한 쪽, 또는 양쪽으로 치우고 가운데 넓은 공간을 확보한다.

② 롤 스케치북을 펼치고 학습자가 자연스럽게 나란히 활동을 할 수 있도록 한다. 이때, 교사는 학생들이 활동할 수 있는 영역을 정해준다. 모둠 공간을 정해줘도 되고, 개인 공간을 정해줘도 된다.

③ 각자의 영역에 미래의 나의 꿈을 자유로운 형식으로 표현한다.

Tip〉롤 스케치북에 나의 꿈을 표현하기 전에 〈Work Sheet 5-3〉을 활용하여 준비하는 것은 활동을 원활히 하는 데 도움이 됩니다.

④ 완성된 작품을 교실 뒤나 복도에 게시하여 교실 공간을 꾸민다.

미래의 나의 꿈으로 교실 공간 꾸미기

Work Sheet 5-3	미래의 나의 꿈 표현하기	210쪽

전략 4: 칠판 편지 활용하기

전략 4는 특히 개학 첫날부터 학습자들의 관심을 끌기에 충분하다. 학기가 시작되기 전에 미리 교실 환경을 정비하고 학습자들에 대한 관심을 교실 칠판에 표현한다면 1년, 또는 남은 학기가 더 수월하게 운영될 것이다. 또 매일 칠판 편지를 활용할 수도 있다. 등교한 학습자들이 칠판을 보고 따뜻한 선생님의 마음을 느끼면서 하루를 시작할 수 있을 것이다.

● **방법**

① 학습자들이 모두 하교한 뒤, 내일을 준비하며 교사가 하고 싶은 말을 생각한다. 학습자가 하루를 시작하는 데 힘이 되는 말이면 더욱 좋다.

② 글씨는 가능한 정자로 힘을 주어 쓴다. 바른 글씨는 아침에 가장 먼저 이 글을 보게 될 학습자들이 차분한 마음가짐을 할 수 있게 도와준다.

③ 교실 뒤에서 칠판 편지가 어떻게 쓰였는지 확인한다.

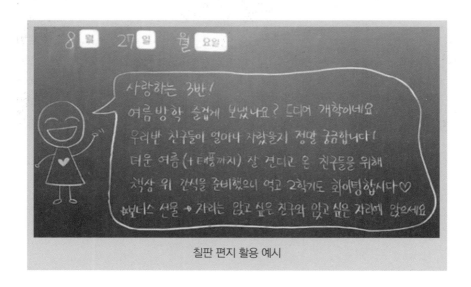

칠판 편지 활용 예시

전략 5: 좁은 교실을 넓게 만들어주는 마법의 정리

교실의 평균 크기는 얼마나 될까? 초등학교 교실은 특별한 경우가 아니면 보통 24평 남짓이다. 이 공간에는 교탁, 책·걸상, 사물함 등 필요한 물건이 많다. 당연히 교실은 비좁을 수밖에 없고 적당한 공간이 확보되지 않으면 서로 간의 갈등도 자연스레 증가한다.

그러나 좁은 교실을 넓게 만들어 줄 수 있는 마법이 있으니 바로 정리하는 것이다. 깔끔하게 정리하면 교실이 넓어진다. 물론 그러기 위해서는 학급 환경을 구성할 때도 학습자의 활동 공간을 넓히는 데 가장 초점을 두어야 한다.

● **방법 1. 책상 속 정리**

① 왼쪽에는 시간표대로 정리해서 책을 넣는다. 오른쪽에는 공책을 넣는다. 가운데에는 필통을 넣는다.

② 교과서는 왼쪽, 가운데는 필통, 오른쪽은 공책이 들어가게 지도한다.

③ 모든 어린이들의 사물함 속에 물건과 가방이 깔끔하게 정리되어 있어 학습자들이 편리하게 생활할 수 있고, 기본생활습관을 바르게 할 수 있다.

● **방법 2. 사물함 속 정리**

① 기본 준비물을 바구니에 넣어 사물함 왼쪽에 정리하고, 교과서는 나란히 세워서 넣어둔다.

② 교과서를 넣고 남은 자리에 빈 가방을 반으로 접어서 넣는다.

③ 아침에 오면 사물함에서 필요한 교과서를 모두 꺼내 책상 속에 정리하게 한다.

④ 집에 갈 때는 책상 속에 있는 교과서와 공책을 꺼내어 사물함에 다시 정리한다.

〈Work Sheet 5-1〉 교실 인테리어 1

교실 인테리어 1

이름 _____

※ 우리 교실을 살펴보고, 필요 없는 것들을 써봅시다.

-
-
-
-

※ 우리 교실에 새롭게 있으면 좋을 것들을 생각해 봅시다.

-
-
-
-

〈Work Sheet 5-2〉 교실 인테리어 2

교실 인테리어 2

이름 _____

※ 우리 교실을 어떻게 하면 더 편안하게 사용할 수 있을까요? 교실에 이미 있는 물건과 새로 있으
면 좋을 것들을 다시 배치하여 그려 봅시다. 그 후에 친구들과 자유롭게 토의하여 봅시다.

〈Work Sheet 5-3〉 미래의 나의 꿈 표현하기

미래의 나의 꿈 표현하기

이름 _____

※ 미래의 나의 꿈은 무엇인가요?
※ 어떤 그림이 그려지면 좋을지 간단하게 스케치해 봅시다.

한국교육개발원 교육시설환경연구센터

교육시설·환경의 선진화를 통한 교육의 질 향상을 선도하기 위해 설립되었다. 학교배치, 교육환경영향평가와 같은 외부적 요소부터 그린스쿨, U-school 등의 내부적 요소에 이르기까지 교육시설 관련 다양한 연구를 통해 교육시설에 관한 전문적 지식을 축적, 제공하고 있으며, 교육시설 민간투자사업에 대한 전문성을 기반으로 학교시설사업 지원 등 교육시설·환경에 관한 체계적이고 종합적인 연구와 사업을 수행하고 있다.

1. 소개

2. 유용한 메뉴

자료마당에는 국내·국외의 교육시설 사례를 테마별, 지역별, 학교급별로 살펴볼
수 있어 유용하게 활용할 수 있다.

관련 법령

학생들 이용 공간 및 시설의 안전성 확보를 위한 건축법, 소방법 등의 관계 법령검토.

※ [건축물의 피난·방화구조 등의 기준에 관한 규칙] 제 15조의2(복도의 너비 및 설치기준)

● 교실 및 복도 면적

· 교실 : 일반(보통)교실 66m2 이상(혹은 9m×7.5m)

· 복도(유치원·초등학교) : – 양 옆에 거실이 있는 복도 너비 2.4m 이상

　　　　　　　　　　　　 – 기타의 복도 너비 1.8m 이상

● 화재 및 재난 발생 시 안전 피난로 확보

비법 6

평가 방식이 바뀌면 수업이 바뀐다

시험성적 100점이 그 학생의 실력을 담보하는가?
평가의 목적은 학습자를 성장시키는 것이다.
잘못된 평가는 오히려 학습자의 성장을 멈추게 하고,
고차원적 사고를 못하게 만든다.

나는 평가를 제대로 하고 있는 것일까?
고민인 홍 교사

scene1

교사와 학부모는 지필평가를
여전히 중요한 시험이라고 생각한다.

scene2

공부가
즐거워

과정중심평가는 잘 이루어지고 있을까?
자기평가, 동료평가는 여전히 어렵기만 하다.

scene3

정답은 이미 정해져 있고,
누구나 똑같은 시험을 보기를 강요한다.

scene4

조사 계획을 세워보자
먼저 ……

좋은 생각이야
그리고 ……

평가 방식이 바뀌면
수업이 바뀔 수 있을까?

저 넓고 끝없는 바다에 대한 동경심을 키워줘라

"올해부터 중간, 기말고사를 지양하고, 과정중심평가를 전면 실시하라는 공문이 교육청에서 내려왔습니다."라는 말을 교직원 회의에서 듣게 되었다.

작년부터 학교에서 지필평가를 지양하고 과정중심평가를 하라는 권고는 이미 내려왔다. 그럼에도 불구하고 학교 현장에서는 중간 및 기말고사를 없애고, 과정중심평가를 실시하기로 하자 교사들은 혼란에 빠졌다.

"홍 선생님, 과정중심평가는 교사만 힘들게 하는 거야. 과정중심평가를 하게 되면 학기에 여러 번, 그리고 수업 중간에 계속적으로 시험을 봐야 하기 때문에 수업에도 지장을 주지."

나는 김 선배의 말을 강하게 부정하고 싶었다. '평가는 수업의 연장이며, 제대로 된 과정중심 평가는 오히려 학생을 성장시킨다고 생각하는데….' 하지만 나는 김 선배의 말에 대답을 하지 못한 채 그저 웃기만 했다. 그러자 김 선배는 다음과 같이 과정중심평가와 관련하여 팁을 주겠다고 했다.

"홍 선생님, 그냥 기존에 하던 수행평가 방식대로 평가하고, 간단히 활동사진 찍고, 자료 모아서 과정중심평가 자료로 제출해. 농구형 게임을 수행평가 보는 것처럼 자유투를 몇 개 넣었는지 기록하고, 미술 상상화 작품을 제출하라고 해서 잘 그린 학생 점수 주고 그렇게 하면 되지."

"김 선배님, 그렇게 하는 것은 과정중심평가의 취지를 살리지 못한 것 아닌가요? 농구형 게임을 잘하는지 평가하려면 실제로 농구하는 장면을 평가해야 하는 것 아닌가요? 또한 미술 상상화를 그릴 때 자신이 직접 그리는 과정을 평가해야 하는 것 아닌가요?"

"허허. 홍 선생. 그렇게 모든 과목을 하면, 진도 못나가요."

김 선배와의 대화에서 나는 앞으로 과정중심평가를 제대로 할 자신이 없어졌다. 한편 이 소식을 들은 학부모들의 문의가 빗발치기 시작했다.

"선생님, 학교에서 이제 애들이 공부를 안 할 것 같아요."

"아니에요. 과정중심평가는 교육과정의 성취기준을 기반으로 한 평가 계획에 따라 교수·학습 과정에서 학생의 변화와 성장에 대한 자료를 다각도로 수집하여 적절한 피드백을 제공하는 평가입니다. 그러니 걱정 마세요."

과정중심평가에 대해 자신 있게 말하며 학부모들을 안심시켰다. 하지만 내 마음은 전혀 안심이 되지 않았다. 과정중심평가를 생각하면 막막하고, 어떻게 해야 하는지에 대한 정보가 하나도 없었기 때문이다.

학부모들의 가장 큰 관심은 자녀의 학업 성취다. 학부모들은 학업 성취를 객관적으로 한눈에 알아볼 수 있는 기존의 중간, 기말고사 같은 객관식 지필평가가 가장 좋다고 인식하고 있다. 그런데 학교에서 이런 지필평가를 하지 않고 학생의 과정과 성장을 평가하는 과정중심평가를 하라니, 도대체 어떻게 하란 말인가. 물론 지필평가의 단점만 있는 것은 아니다. 하지만 평가의 본래 목적을 생각해 보면 지필평가만으로는 한계가 있다는 것이다.

평가 방식이 바뀌니 이제 수업 방식도 바뀌어야 한다. 참 어려운 일이다. 더 이상 학교 현장에서 평가를 위한 평가는 환영받지 못한다. 이제 학생의 평가를 통해 학생의 성장을 도모하고, 교사의 수업을 반성하는 계기로 삼아야 할 때이다. 오늘도 나는 생텍쥐페리의 명언을 생각하며, 내일 수업을 준비해 본다.

> 당신이 배를 만들고 싶다면, 사람들에게 목재를 가져오게 하고 일을 지시하고 일감을 나눠주는 일을 하지 마라. 대신 그들에게 저 넓고 끝없는 바다에 대한 동경심을 키워줘라. _생텍쥐페리Saint Exupery

과정중심평가는 수행평가와 다르다?

　2015 교육과정이 도입되면서 평가의 가장 큰 변화는 과정중심평가가 도입되었다는 것이다. 한국교육과정평가원은 과정중심평가를 "교육과정의 성취기준을 기반으로 한 평가 계획에 따라 교수·학습 과정에서 학생의 변화와 성장에 대한 자료를 다각도로 수집하여 적절한 피드백을 제공하는 평가"로 정의하고 있다. 이러한 과정중심평가는 최근에 새롭게 도입된 평가 방법이 아니다. 이미 수행평가라는 용어로 기존의 학교에서 평가의 한 방안으로 사용하고 있었다. 하지만 학교 현장에서는 수행평가의 원래 의도를 살리지 못한 채, 결과 중심의 일제식 지필평가만 시행해 왔다.

　수행평가가 지나치게 결과물 중심으로 이루어져온 것에 대한 반성적 대안으로 과정중심평가라는 용어가 강조되고 있다. 여기서 평가Assessment는 검사Test 혹은 시험Exam과 같이 단편적 지식을 알아보기 위한 것이 아니라 학생의 학습을 교사가 옆에서 살펴보고 점검·확인하며 도와주는 모든 과정을 포함한다.

　미국에서 수행평가의 개념은 구성주의 학습관의 대두와 함께 부각되었다. 구성주의에서 안다는 것은 단지 지식을 수동적으로 받아들이는 것이 아니라 그것을 해석하여 자신의 기존 지식과 조합하는 능동적인 창조의 과정으로 본다. 따라서 평가는 단편적 지식의 평가보다는 맥락적 상황에서 문제해결 과정을 평가하는 것이다. 최근 교실 수업의 모습이 학습자중심교육의 학생중심 수업으로 변화함에 따라 기존의 결과 중심의 평가에 대한 반성이 이루어지고 있다. 이에 대한 반영으로 수행평가의 원래 의도하는 바를 충분히 살린 과정중심평가가 등장하게 되었다. 이것은 학생이 학습하는 과정을 평가에 포함하고 평가 자체를 학습의 과정으로 보는 것이다.

기존의 평가는 무엇이 잘 못 되었을까?

기존의 평가는 타일러Tyler의 목표중심의 평가에 맞춰 처음에 세웠던 행동 목표가 얼마나 잘 달성되었는지 평가하는 결과에 초점을 맞추었다. 학생의 학습 과정이야 어떻든 간에 처음 세웠던 측정 가능한 행동 목표에 도달하면 되는 것이었다. 따라서 평가는 측정 가능한 행동 목표의 도달도를 평가하기 위해 종합적 문제해결력을 물어보는 서술형 평가보다는 단편적 지식을 물어보는 단답형, 선다형 문항의 평가를 선호하게 되었다. 또한 평가는 수업을 가르친 교사만이 할 필요가 없었다. 수업과 전혀 상관없는 외부의 사람이 평가하더라도 항상 똑같은 결과 중심의 평가 결과를 얻을 수 있었다.

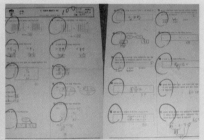

지금까지 평가는 누구나 같은 방식으로 평가를 받았다. 즉 학습자의 흥미나 강점은 전혀 고려되지 않은 채 평가가 진행되었다.

학습자중심교육을 바탕으로 한 평가는 더 이상 학생을 수동적으로 두지 않는다. 학습자는 자신의 학습양식에 따라 성취도를 표현할 수 있다.

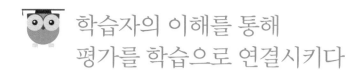

학습자의 이해를 통해
평가를 학습으로 연결시키다

학습자중심교육은 학습자들 각각의 학습 상황에서 오는 여러 가지 학습 조건들을 고려하여 학생들 모두가 최적의 학습 경험을 갖도록 돕는다. 이에 교사가 학습자중심교육을 하려면 학습자 개개인과 학급에서 이루어지는 학생들 간의 역동성에 대한 정보를 수집하고 기록하여 수업의 여러 상황에서 활용해야 한다. 따라서 학습자 개개인에 대해 정보를 얻는 도구와 관찰 및 기록 방법을 알아야 한다.

학습자에 대해 어디까지 알아야 할 것인가에 대해서는 의견이 분분하다. 학습자중심교육을 위해서는 학습자에 대한 이해가 필수적인데 적어도 다음과 같은 사항은 꼭 알아야 할 것이다.

"학습 및 발달 상황, 개인적 신상, 기본 욕구, 선호하는 강화인, 학습양식, 다중 지능 발달 상황"의 여섯 가지이다. 학습자를 이해하기 위한 도구는 "아이들에 대한 새로운 시선 〈비법1〉" 부분에 나와 있다.

잘 가르치는 것은 매우 중요하다. 일관성 있고 의미가 풍부한 교육과정 역시 중요하다. 하지만 결과적으로 교육은 학습에 관한 것이다. 학습은 학생 안에서 일어나는 것이지 그들에게 어떤 것을 전달한다고 해서 일어나게 되는 것이 아니다. 학습이란 학생 개인이 특정 순간에 의미를 만들어가는 과정이다.

지금까지 교사는 학생에게 정답을 강요하며, 학생의 다양한 생각을 들으려 하지 않았다. 또한 왜 (Why)라고 질문하기보다 맞다(Yes) 또는 틀리다(No)로 대답할 뿐이었다.

평가를 통해 무엇을 할 수 있을까?

평가 방식의 변화는 교사와 학생에게 긍정적인 영향을 미친다. 평가를 통해 '몇 등인가?'보다는 '무엇을 할 수 있는가?'를 파악해야 한다.

교사 측면	• 성취기준에 도달해 가는 과정에서 나타나는 학습자의 학습양식Learning Style 및 학생들이 성취기준에 도달한 정도를 파악할 수 있다. • 학습자가 교수·학습 상황에서 보이는 학습 유형, 특성들을 관찰을 통해 학습에 대한 피드백을 제공할 수 있다. • 학생의 평가 과정 및 결과를 바탕으로 교사 스스로 교수·학습 및 평가 방식에 대한 반성 및 개선을 할 수 있다. • 성취기준에 근거하여 학습자중심의 맞춤형 교육과정을 운영할 수 있다.
학생 측면	• 학습해야 할 것이 무엇인지 알고, 어떤 영역에서 얼마만큼 성취했는지 알 수 있다. • 학생들은 교수·학습활동 과정에서 자신의 학습 태도와 성취수준을 점검할 수 있다. • 평가 결과를 바탕으로 자신의 학습 반성 및 앞으로 학습 계획을 세울 수 있다. • 학생의 관심과 흥미에 적합한 교육을 통해, 경쟁이 줄어들고, 함께 공부하는 분위기가 조성된다.

한 가지 도구로 모든 것을 평가할 수 없다.

　교사의 교수·학습 과정을 개선하고 개별 학생의 성장을 위한 목적으로 사용된다면 어떠한 평가 방법도 과정중심평가 방법에 포함될 수 있다. 따라서 과정중심평가의 방법은 구성적인 반응, 결과물의 특성, 학습자 활동의 성격, 과정의 확인 등 4가지 차원에서 다음과 같이 매우 다양한 종류들이 있다. 또한 현재 가장 많이 사용되고 있는 과정중심평가의 종류로는 ① 서술형·논술형 평가 ② 구술 평가 ③ 토론 ④ 실기평가 ⑤ 실험·실습법 ⑥ 면접법 ⑦ 관찰법 ⑧ 자기평가 및 동료 평가 보고서법 ⑨ 연구보고서법 ⑩ 프로젝트법 ⑪ 포트폴리오법 등이 있다. 이러한 기법들은 새롭게 개발된 것이 아니라 이미 기존에 사용되고 있던 것들이다.

수행 평가의 종류

구성적 반응	결과물의 특성	학습자 활동의 성격	과정의 확인
① 도표나 그림에 제목 붙이기 ② 과제물 제시 ③ 시각적 표현(개념도, 흐름도, 표, 도표, 도안 등)	① 논술 ② 연구보고서 ③ 실험·실습보고서 ④ 이야기/극본 ⑤ 시 ⑥ 포트폴리오 ⑦ 작품 ⑧ 모형 ⑨ 비디오/오디오	① 구두발표 ② 무용/창작 ③ 과학실험시연 ④ 운동경기 ⑤ 연극 ⑥ 토론 ⑦ 음악발표 ⑧ 놀이활동	① 구두질문 ② 관찰 ③ 면담 ④ 회의, 집단토론 ⑤ 학습일지

〈참조: 손충기(2013). 교육과정과 교육평가.〉

평가의 피드백 제대로 하자.

평가의 피드백은 '결과에 대한 피드백', '과정에 대한 피드백', '메타인지 측면에 대한 피드백', '정의적 측면에 대한 피드백' 등 다양한 측면에서 제공할 수 있다.

평가의 피드백은 학습자의 추후 학습 개선 및 성장을 지원하는 것이다.

	결과에 대한 피드백	과정에 대한 피드백	메타인지 측면에 대한 피드백	정의적 측면에 대한 피드백
내용	· 산출한 결과물의 수준이 어떠한가	· 수행 과정이 적절하였는가	· 수행 과정에서 자기 점검 및 조절을 적절하게 사용하였는가	· 수행 과정에 흥미를 가지고 적극적으로 참여하였는가 · 긍정적인 자기효능감을 가지고 수행에 임하였는가
수집 방법	· 산출물을 채점 기준에 따라 채점	· 수행 과정을 관찰하여 기록 · 자신의 수행에 대한 반성적 글쓰기 ·면담	· 자기점검 및 자기조절과 관련한 메타인지 검사지 · 면담	· 동기 검사지, 자기 효능감 검사지 · 면담

평가에서 수행의 결과에 영향을 미치는 요인들을 제대로 파악할 수 있어야 학습자의 추후 학습에 대한 구체적인 피드백을 제공할 수 있다. 수행 과정에서 어떠한 문제가 있었는지, 수행 과정에서 발생한 문제점들에 대해서 학습자 스스로 점검하고 조절하면서 문제를 적극적으로 해결하였는지, 혹시 해당 수행과 관련하여 동기가 낮거나 효능감이 낮지는 않았는지 등의 다면적인 측면에서의 피드백이 제공되어야 한다.

평가 결과 통지를 잘 하는 것도 필요하다.

평가의 결과 통지는 학습자 개개인의 학교생활에 대한 지속적인 지도 및 학생의 발전 방향에 대한 학교와 학부모의 대화의 창으로서의 역할을 하는 것이다. 따라서 평가의 다양한 결과 통지는 교육의 3주체인 교사-학생-학부모의 협력을 통한 학생의 성장에 목표를 두는 것이다. 평가 결과를 통지하는 방법의 예는 다음과 같다.

구분	내용	비고
평가 안내 및 가정통지	주제별/단원별 평가 계획 및 평가 관리카드 안내	
학습 결과물 전시회	학교 행사를 통한 학습 결과물 전시 학부모 상담 주간 활용 학생 활동 안내	
포트폴리오 가정통지	학생 활동 결과물 수집 및 정리한 파일을 학기별 또는 분기별 평가 관리카드와 함께 통지	
교육과정 안내	교육과정 운영 및 평가에 대한 안내	학기/분기1회
학생-학부모 상담 및 홍보	학생-학부모 상담을 통해 학교-가정에서의 학생을 동일하게 이해할 수 있도록 지속적인 안내와 홍보	
누리집 또는 SNS의 활용	평가를 통해 완성된 결과물 및 활동 과정 내용 탑재	

평가 결과 통지의 활용은 다양한 방식으로 할 수 있다.

첫째, 개인별 평가 결과를 분석하여 도표나 그래프 작성 등으로 평가 결과의 변화 정도를 파악할 수 있게 한다.

둘째, 교사-학생-학부모의 협력을 통한 학생의 학습 과정을 지속적으로 확인한다.

셋째, 학생에게는 학습의욕, 교사에게는 학습상황 파악과 수준별 맞춤지도, 학부모는 가정에서의 학습 및 생활에 대한 정보 제공으로 학생들의 학업 성취를 위한 효율적인 연계자료로 활용할 수 있게 한다.

넷째, 학업성취 미도달자와 경계선 학생에 대한 담임교사 및 관련 교사가 수업중이나 방과 후 집중지도 자료로 활용할 수 있게 한다.

학습자중심교육에서 평가의 방향은 무엇일까?

독수리, 원숭이, 거북이 학생은 함께 수업을 받습니다. 학기 말 선생님은 기말 시험을 통해 학생들이 수업시간에 수업을 잘 들었는지 평가를 하고자 합니다. 기말 시험 과목은 달리기입니다. 시험 결과 1등은 원숭이, 2등은 거북이, 꼴등은 독수리가 하였습니다. 과연 이 시험은 공정한가요?

학습자중심교육에서 평가는 더 이상 학생들을 획일적인 잣대로 평가를 하는 것이 아니라, 학생이 학습에서 부족한 점을 찾아주고 더 발전할 수 있도록 도움을 주는 평가여야 한다. 따라서 교사와 학생, 학생과 학생 간의 상호작용이 일어날 수 있도록 수업을 설계하며, 학생들이 잘하는 것을 보여줄 수 있게 수업 및 평가를 구조화해야 한다. 그리고 평가에 대해 적절한 피드백이 함께 이루어져야 한다. 학습자중심교육이 평가에 주는 시사점은 다음과 같다.

첫째, 평가의 내용은 학생 모두가 일괄적으로 같을 필요가 없다는 것이다. 학생의 사전 지식, 즉 준비도에 따라 평가하는 내용을 다양하게 구조화하여 각자의 속도에 맞게 평가해야 한다.

둘째, 평가시간을 별도로 편성하여 실시하는 것이 아니라 교육과정을 재구성하여 교수·학습과정에서 평가가 될 수 있도록 해야 한다. 평가를 수업의 한 과정으로 보아야 한다. 따라서 평가를 수업 전, 수업 중, 수업 후의 적절한 시간에 실시하여야 한다.

셋째, 평가의 주체 또한 교사뿐만 아니라 학생, 학부모도 평가의 주체가 될 수 있게 해야 한다. 물론 평가는 학습자를 가장 잘 아는 교사가 기본이 되어야겠지만, 학생 스스로 자기 평가 및 동료평가 등을 실시하여 평가하면서 스스로 반성할 수 있는 기회를 주어야 한다. 그리고 학교와 가정이 연계하여 지도할 수 있도록 학부모에게도 평가의 기회를 주어야 한다. 그렇게 된다면 가정과 연계한 학생의 자기반성이 이루어질 것이다.

넷째, 학생들이 학습 목표 도달 여부를 증명하기 위해 학생에게 평가방법의 선택권을 줘야 한다. 총괄적 단원 평가, 토론, 파워포인트 발표, 짧은 동영상, 내용 이해를 담은 글, 그밖에 학생이 개발한 다른 평가 방법들을 스스로 선택할 수 있는 기회를 줘야 한다. 즉 학습의 결과를 가장 잘 표현할 수 있는 방법을 학생 스스로 선택하게 해야 한다.

다섯째, 학생이 수업시간에 하는 실수를 교사는 긍정적으로 받아들여야 한다. 기존에는 학생의 실수는 학습의 실패였고, 누적된 실수는 학습 부진으로 이해되었다. 하지만 학생은 실수를 통해서 학습의 기회와 자기반성의 기회를 가질 수 있고, 교사는 학생의 실수를 통하여 학생의 성취도 및 학생의 학습양식을 파악할 수 있는 기회가 된다. 따라서 교사는 학생의 실수를 긍정적으로 생각하며, 학생의 실수에 주의를 기울여야 한다.

학생의 실수는 더 이상 부정적인 것이 아니다. 교사는 학생의 실수를 민감하게 받아들여야 한다.

미국의 어느 학교에 아메리카원주민 아이들이 전학을 왔다. 시험 시간, 백인 아이들은 다른 아이들이 자기 답안지를 보지 못하도록 책상 가운데에 책가방을 올리고 시험을 볼 준비를 했다. 그런데 아메리카원주민 아이들은 책상을 돌려 둥그렇게 모여 앉는 것이 아닌가. 선생님은 "지금 시험을 볼 건데 뭘 하고 있는 거야!"라며 야단을 쳤다. 그러자 아메리카원주민 아이들은 무슨 영문인지 몰라 어리둥절해 하다가 "선생님, 저희는 어려운 문제가 있으면 함께 도와가며 해결하라고 배웠어요."라고 대답했다.

이와 유사한 일이 핀란드에서도 있었다. MBC에서 방영된 「열다섯 살, 꿈의 교실-꼴찌라도 괜찮아」에 나온 내용이다. 시험 시간이 되었는데 핀란드 학생들의 얼굴에는 여유가 넘쳤다. 책상을 시험 대형으로 맞추지도 않고 그냥 그 자리에서 문제를 풀었고, 먼저 문제를 푼 학생은 답안지를 선생님께 제출하고 교실 밖으로 나갔다. 그런데 한 학생이 선생님께 어떤 방식으로 문제에 접근하면 되느냐고 질문을 했다. 선생님은 그 학생에게 문제에 접근하는 요령을 설명했다. 게다가 그 학생이 잘못된 답을 적으면 다시 한 번 생각해 보라고 일러주기까지 했다. 그런데도 항의하는 학생은 한 명도 없었다고 한다.

시험은 경쟁의 과정이 아니라 협력의 과정이다. 아메리카원주민 아이들의 시험에는 학생과 학생 사이의 협력, 핀란드 아이들의 시험에는 교사의 도움이 있었다. 평가는 어떤 아이가 현재 무엇을 할 수 있고 무엇을 못 하는가만 주목하는 것이 아니라, 그 아이가 동료 학생이나 교사의 도움이 있다면 어디까지 해낼 수 있는가에 주목하는 것이다. 이것이 진정한 평가이다.

〈참조: 이형빈(2019). 교육과정-수업-평가 어떻게 혁신할 것인가.〉

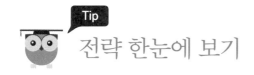

전략 1: 사전 지식 및 경험 파악하기

학습에서 가장 우선적으로 해야 하는 것은 학습자의 사전 지식과 경험을 파악하는 것이다. 전략 1은 학습자가 사전에 무엇을 알고 있고 경험했는지 파악함으로써 학습이 더 잘 일어날 수 있도록 하는 것이다. 이를 통해 수업에서 낭비되는 시간을 줄이고, 학습 시간을 확보할 수 있다. 또한 학습자의 오개념을 파악할 수 있고, 학습자가 흥미 있고, 관심 있어 하는 것을 세심하게 살필 수 있다.

● **방법**

① 학습자에게 오늘 배우고자 하는 학습문제 또는 핵심 개념을 알려준다.

② 〈Work Sheet 6-1〉의 '이번 주제' 부분에 오늘 배우고자 하는 학습 내용과 관련하여 떠오르는 아이디어를 자유롭게 표현하도록 한다.

③ '이번 주제' 부분에 기록한 아이디어 중 확실하게 알고 있는 내용은 '내가 아는 것' 부분에, 새롭게 공부하고 싶은 내용은 '내가 알고 싶은 것은' 부분에 분류해서 쓸 수 있도록 한다.

④ 개인별 또는 모둠 발표를 통해 교사는 학생의 사전 지식 및 경험을 파악할 수 있다.

● **적용 및 확장**

① 아이디어를 생성할 때, 쉽게 하지 못하는 학습자를 위해 '마인드맵, 단어 나열, 글쓰기, 그림 그리기'와 같이 다양한 방식으로 표현할 수 있도록 격려한다.

② 개인 활동이 끝나면, 모둠의 생각을 같은 방식으로 정리할 수 있다.

Work Sheet 6–1	생각 열기	235쪽

전략 2: 학습 계약 맺기

학습 계약academic contract을 통해 학습자에게 자신의 학습에 관한 책임감을 심어 줄 수 있다. 전략 2는 학습자를 학습과 관련된 의사결정 과정에 참여시키는 것이다. 교사의 안내된 성취 기준에 기반하거나, 학습자 스스로 탐구하고 싶은 것을 기반으로 활동 계획을 세우는 것이다. 학습 계약에는 학습 과제의 내용, 성취할 목표, 목표 성취를 확인할 최종 결과물, 학습 추진 일정 및 방법, 교사 또는 학부모가 도움을 주어야 할 내용을 담고 있다. 교사, 학습자, 학부모가 함께 서명하여 교육 공동체로서 학습자의 학습에 책임을 함께 한다. 학습 계약은 학습자가 자신의 흥미와 필요에 적합한 활동을 선택하게 하여 학습자에게 필요한 기능을 연습할 기회를 제공한다. 이를 통해 학습자에게 도전의식을 불러일으키고, 수업에 적극적으로 참여할 수 있게 한다.

● 방법
① 학습자가 탐구하고자 하는 것을 '제안' 부분에 적는다.
② 탐구를 위한 활동 내용, 목표, 기한, 필요한 학습 준비물 등을 적는다.
③ 교사의 피드백을 통해 학습 계획이 잘 되고 있는지 점검한다.
④ 학습자, 교사, 학부모 서명을 통해 학습자에게 책임감을 부여한다.

• 적용 및 확장

① 학습자가 스스로 탐구하고자 하는 것을 정하지 못하거나, 교육적으로 적절하지 못한 것을 탐구하고자 할 때에는 교사의 적절한 안내를 통해 바람직한 목표를 세울 수 있도록 한다.

② 모둠 학습 계약은 포스트잇을 활용하여 모둠의 생각을 모아 계획을 세울 수 있도록 한다.

③ 학습 계획의 내용을 변경하고자 할 때에는 교사와 충분한 협의를 통하여 수정 및 보완할 수 있도록 한다.

Work Sheet 6-2	학습 계약서 (개인용)	236쪽
Work Sheet 6-3	학습 계약서 (모둠용)	237쪽

전략 3: 학습 점검 만능 도구「Stop & Go」

교사는 수업 전, 중, 후 학습자의 학습을 점검함으로써 학습자의 학습을 촉진시킬 수 있다. 수업 전 학습 점검은 학생의 사전 지식 및 무엇에 관심이 있는지 알 수 있고, 수업 중에는 학습자의 단위 수업시간 수업 이해도를 점검할 수 있다. 수업 후에는 성취기준을 달성했는지 점검할 수 있다.

• 방법

①「Stop & Go」활동지에 모둠이름과 학습 주제를 기록한다.

② 학습 주제와 관련된 학생의 생각을 하나씩 적을 수 있도록 한다.

③ 옆 친구에게「Stop & Go」활동지를 넘겨 생각을 적을 수 있도록 한다.

④ 교사가 적절한 시기에 Stop을 외친다. 이때 「Stop & Go」 활동지를 가지고 있는 학생이 모둠의 의견을 읽을 수 있도록 한다. 교사의 Go를 시작으로 활동을 계속적으로 할 수 있도록 한다.

● **적용 및 확장**

① 전략 3은 학습 주제를 교사 또는 학습자가 선정할 수 있기 때문에, 교사는 학습자의 준비도 및 수업 이해도를 판단할 수 있고, 학습자는 능동적으로 수업에 참여할 수 있다.

② 학습 주제에 따라 수렴적 질문 및 발산적 질문이 가능하기 때문에 수업의 어느 시기에도 사용할 수 있다.

③ 평소 발표를 힘들어 하는 학습자 또는 소극적인 학습자 앞에 활동지가 있을 때 Stop을 외쳐 자연스럽게 발표에 참여시킬 수 있다.

④ 학습자는 모둠원이 쓴 생각을 보면서 겹치지 않게 자신의 생각을 적어야 하기 때문에 모둠의 생각을 적극적으로 파악할 수 있고, Stop 후 전체 모둠의 발표를 통해 전체 학생의 생각을 들을 수 있다.

| Work Sheet 6-4 | Stop & Go | 238쪽 |

전략 4: 동료 평가

동료 평가는 매우 효과적이며, 학습자의 동기를 불러일으키는 평가 방법이다. 일반적으로 학습자가 평가자가 되어 동료를 평가하는 것을 좋아하지만, 합의된 평가 기준을 정하는 것은 쉽지 않다. 이때는 모두가 인정할 수 있는 평가 기준을 학생들과 충분한 논의를 통해 세워 평가를 해야 하는 학습자가 동료 평가 결과에 대해 수긍할 수 있게 한다. 여기서 중요한 점은 서로 정해진 기준에 의해 점수를 주어야 한다는 것이고, 평가가 끝난 후에 이 평가가 적절하게 되었는지 서로 토의하는 시간을 가져야 한다는 것이다.

● 방법

① 동료 평가 기준표를 나누어 주고 평가 기준에 대해 충분히 숙지할 수 있도록 평가 기준에 의해 동료 평가를 실시한다.

② 동료 평가 이후엔 왜 그렇게 생각했는지 평가자의 종합평가 및 교사의 종합평가를 실시할 수 있게 한다.

● 적용 및 확장

① 평가 기준은 고정된 것이 아니며, 서로 논의를 통해 합의된 평가 기준을 세울 수 있다.

② 동료 평가 이후에는 왜 그렇게 생각하는지 이유를 적을 수 있게 하며, 평가자의 피드백을 볼 수 있게 한다.

Work Sheet 6–5	동료 평가 기준표	239쪽
Work Sheet 6–6	동료 평가 기준표(함께 만들기)	240쪽
Work Sheet 6–7	동료 평가 체크리스트	241쪽

전략 5: 자기 평가

자기평가는 스스로 자신의 학습 이해도를 점검하는 것이다. 자기 평가는 인지적 영역에서부터 정의적, 심동적 영역의 전 영역의 평가가 가능하다. 자기평가는 학습자 스스로 학습 만족도 및 학습 이해도 평가를 할 수 있어 자신의 학습을 반성할 수 있다. 주관적 기준에 의해 스스로 점수를 주기 때문에 자기 평가 결과를 학업 성취 결과자료로 활용하는 것은 문제가 있지만, 교사가 학습자를 이해하는 한 방면으로 사용할 수 있다.

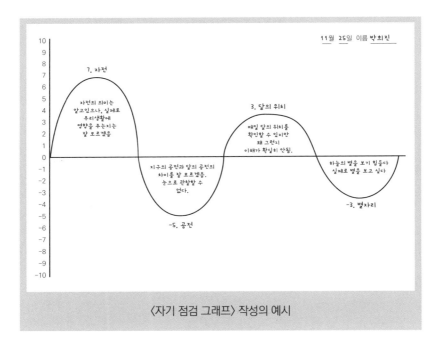

〈자기 점검 그래프〉 작성의 예시

● **방법**

① 수업 시간에 배운 것에 대해 잠시 생각해볼 시간을 갖는다.

② 수업 시간에 배운 것 중 핵심 단어를 3개~5개를 선정하여 〈Work Sheet 6-8〉

에 적을 수 있게 한다.

③ 핵심 단어를 적을 때 핵심 단어에 대한 이해도 점수를 - 10 ~ 10점을 주고, 핵심 단어 간 선으로 이어 그래프로 나타낸다.

● **적용 및 확장**

① 그래프 안쪽 공간에 왜 그렇게 생각하는지 자신의 생각을 적을 수 있도록 한다. 이렇게 함으로써 학생들이 수업 후 학습내용을 어떻게 이해하고 있는지 명확히 함으로써 학습 이해도를 향상시킬 수 있다.

② 학습자가 스스로 핵심 단어를 못 찾을 때에는 교사가 핵심 단어를 제시해 줌으로써 학습자의 자기평가를 돕는다.

③ 자기 점검 그래프를 상호 비교하여, 서로의 의견을 확인 할 수 있다.

Work Sheet 6-8	자기 점검 그래프	242쪽

〈포스트잇 자기평가〉 따라하기

① 포스트잇 중앙에 오늘 배운 학습에 대한 학습 만족도 또는 학습 이해도를 1~10점의 점수를 주어 스스로 자기평가를 할 수 있도록 한다.

② 포스트잇의 아래쪽에는 자신이 부족한 부분을 적고, 위쪽에는 왜 그렇게 생각했는지 적어 배운 내용을 다시 한 번 정리할 수 있는 기회를 가진다.

③ 자신이 쓴 포스트잇을 칠판 또는 앞문 등의 교실 공간에 자신의 자기평가 해당 점수에 붙여 전체적인 학급의 자기평가 점수를 알아볼 수 있도록 한다.

④ 수업에 적극적으로 참여하지 않는 학습자 또는 발표를 잘 하지 않는 학습자가 붙인 포스트잇을 의도적으로 교사가 읽음으로써 학습자의 수업 참여를 유도한다.

오늘 배운 내용을 다 이해하였고
문제를 풀었을 때 어려움이 없었다.
원의 넓이를 구하는 것이 신기했다.

⑤

문제의 길이가 길면 어떻게 풀어야 하는지
어렵다. 그냥 계산하는 것은 할 수 있으나
문장제 문제 풀이는 연습이 필요하다.

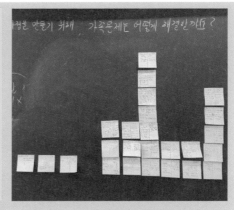

〈포스트잇 자기평가〉 작성의 예시
학생들은 자기평가를 통해 공부한 내용을
생각하면서 부족한 부분을 반성해 볼 수 있다.

교사는 1~10의 점수를 미리 칠판에 써 놓고
학생들 스스로 본인의 자기평가 점수에
해당하는 곳에 붙이도록 한다.

〈Work Sheet 6-1〉 생각 열기

생각 열기
이번 주제에서는?!
내가 아는 것은?
내가 알고 싶은 것은?

〈Work Sheet 6-2〉 학습 계약서 (개인용)

학습 계약서

_____ 의 제안

1. _____ 을 하고 싶습니다.

2. 탐구를 수행하는데 필요한 시간은 _____ 월 _____ 일까지 입니다.

3. 필요한 준비물은 _____ 입니다.

4. 구체적 활동 내용

　·

　·

　·

5. 탐구 결과는 _____ 으로 보여줄 예정입니다.

◆ 도움이 필요한 부분

　·

　·

◆ 교사의 피드백

　·

　·

　·

◆ 서명

　　　　　　　　　학생 _____ 날짜 _____

　　　　　　　　　교사 _____ 날짜 _____

　　　　　　　　　학부모 _____ 날짜 _____

〈Work Sheet 6-3〉 **학습 계약서** (모둠용)

학습 계약서

_____ 모둠의 제안

1. _____ 을 하고 싶습니다.

2. 탐구를 수행하는 데 필요한 시간은 _____ 월 _____ 일까지입니다.

3. 필요한 준비물은 _____ 입니다.

4. 구체적 활동 내용(포스트잇으로 붙여 봐요)

활동1	활동2	활동3

5. 탐구 결과는 _____ 으로 보여줄 예정입니다.

◆ 도움이 필요한 부분

  ·

  ·

◆ 교사의 피드백

  ·

  ·

  ·

◆ 서명

학생 _____ 날짜 _____

교사 _____ 날짜 _____

〈Work Sheet 6-4〉 Stop & Go

Stop & Go
_____ 모둠
학습 주제 _____

〈Work Sheet 6-5〉 동료 평가 기준표

동료 평가 기준표

발표자 이름 _____   평가자 이름 _____

◆ 평가영역 중 그렇게 생각하는 부분에 선택 및 이유를 적어주세요.

평가 영역		보통	잘함	매우 잘함
계획		계획이 단어 나열로 세워져 있다.	계획이 그림 또는 문장으로 세워져 있다.	계획이 매우 자세히 세워져 있다.
선택 및 이유				
내용		내용 중 한 가지 정도는 이해할 수 있다.	내용이 자세하여 대부분 이해할 수 있다.	내용이 자세하고 흥미로워 모두 이해할 수 있다.
선택 및 이유				
발표	표현	매끄럽지는 않지만 발표를 열심히 하였다.	실수가 있긴 하였지만, 또박또박 발표하였다.	실수가 없고, 또박또박 발표를 잘 하였다.
	선택 및 이유			
	창의성	흥미로운 내용을 한 가지 정도 발표하였다.	다양한 의견을 발표하였으나 몇 가지는 이해할 수 없었다.	이해 가능하고 흥미로운 의견을 발표하였다.
	선택 및 이유			

◆ 평가자의 종합 평가
_____
_____

◆ 교사의 종합 평가
_____
_____

〈Work Sheet 6-6〉 동료 평가 기준표(함께 만들기)

<table>
<tr><td colspan="4" align="center">**동료 평가 기준표**</td></tr>
</table>

발표자 이름 _____ 평가자 이름 _____

◆ 평가영역 중 그렇게 생각하는 부분에 선택 및 이유를 적어주세요.

평가 영역		보통	잘함	매우 잘함
계획				
선택 및 이유				
내용				
선택 및 이유				
발표	표현			
	선택 및 이유			
	창의성			
	선택 및 이유			

◆ 평가자의 종합 평가

_____

_____

◆ 교사의 종합 평가

_____

_____

〈Work Sheet 6-7〉 동료 평가 체크리스트

동료 평가 기준표

발표자 이름 _____ 평가자 이름 _____

◆ 매우 잘 했다고 생각하면 3점, 잘 했다고 생각하면 2점, 보통이라고 생각하면 1점.

계획 또는 자료 준비 · 계획이 명확하다. · ·	**영역 점수 합:** · · ·
발표 방법 · 다양한 자료를 이용한다. · ·	**영역 점수 합:** · · ·
자세 · 목소리가 또박또박 하다. · ·	**영역 점수 합:** · · ·
_____ · · ·	**영역 점수 합:** · · ·

◆ 평가자의 종합 평가

_____

_____

◆ 교사의 종합 평가

_____

_____

⟨Work Sheet 6-8⟩ 자기 점검 그래프

10 9 8 7 6 5 4 3 2 1 0 ‾1 ‾2 ‾3 ‾4 ‾5 ‾6 ‾7 ‾8 ‾9 ‾10

월 일 이름

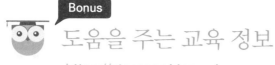

도움을 주는 교육 정보

https://stassess.kice.re.kr

학생평가지원포털

한국교육과정평가원에서 제공하는 사이트로 학생평가와 관련된 지원 자료 및 실제 평가문항을 제시해 주고 있다.

1. 메인화면

① 전체 메뉴 보기

 - 초등학교, 중학교, 고등학교의 학교급 및 소통공간, 연수·연구공간, 홍보공
   간으로 구성

② 수행평가 도구 검색서비스 바로가기

　　- 학교급, 학년(군), 교과별 검색서비스

　　- 학교급별 하위메뉴에서 제공하는 검색서비스에는 성취기준별, 핵심역량별,

　　　평가유형별 검색서비스 제공

③ 성취기준, 학생평가 운영 과정별 활용 TIP

　　- 학교급별 성취기준 자료실 바로가기 및 학생평가 운영 과정별 자료 활용

　　　TIP 제공

④ 학생평가 주요정보 바로가기

　　- 자주 찾는 정보 바로가기 서비스 제공: 수행평가 가이드북, 성취평가제 가이

　　　드북, 성적표 산출프로그램, 분할점수 산출 프로그램, 성취기준 코드체계

⑤ 통합검색

　　- 다양한 검색 기준으로 학생평가 자료 검색 가능

2. 메뉴 구조

① 교육과정 및 성취기준

- 성취기준 검색 서비스: 전 교과(과목)의 성취기준을 검색하고 성취기준에 부합하는 평가 정보 제공
- 교육과정 성취기준 자료실: 교육과정 성취기준 문서제공

② 평가도구 개발
- 수행평가 도구 검색서비스 제공
- 서술형평가 문항 자료실: 과목별 서술형평가 문항 자료 제공

③ 평가결과 활용
- 평가결과 활용 자료실: 평가결과 분석 프로그램, 평가결과 피드백 및 기록 예시 자료 제공

④ 성취평가제
- 성취평가제 운영 자료실: 성취평가제 운영 관련 각종 매뉴얼 및 교과별 자료 제공

⑤ 연수·연구공간
- 교원 연수 자료실: 각종 연수 자료집 및 사례 공유
- 연구학교 및 수업연구회 자료실: 학생평가 관련 연구학교 및 수업연구회 우수 사례 공유
- 동영상 연수 자료실: 수행평가, 서술형평가, 성취평가제 관련 동영상 연수 자료 제공

3. 수행평가 도구 검색서비스

가. 성취기준으로 검색하기

: 초등(중·고등)학교 〉 평가도구 마련 〉 수행평가 도구 검색서비스 〉 성취기준으로 검색하기

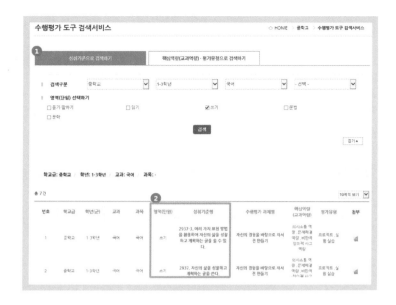

① 성취기준으로 검색하기

　- 학교급 선택

　- 학년(군) 선택

　- 교과 선택

　- 과목 선택

　- 영역(단원) 선택

② 선택한 영역(단원)에 해당하는 성취기준을 기준으로 검색 결과 제공

　- 검색 조건에 해당하는 성취기준명 제공

　- 성취기준에 해당하는 수행평가 과제명-핵심역량-평가유형 목록 제시

나. 핵심역량·평가유형으로 검색하기

: 초등(중·고등)학교 〉 평가도구 마련 〉 수행평가 도구 검색서비스 〉 핵심역량(교
　과역량)·평가유형으로 검색하기

① 핵심역량(교과역량)·평가유형으로 검색하기

　- 학교급 선택

　- 학년(군) 선택

　- 교과 선택

　- 과목 선택

　- 핵심역량 선택

　- 평가유형 선택

② 선택한 핵심역량(교과역량), 평가유형을 기준으로 검색 결과 제공

　- 검색 조건에 해당하는 핵심역량, 평가유형 제공

　- 핵심역량, 평가유형에 해당하는 수행평가 과제, 성취기준 제공

다. 수행평가 상세보기

: 초등(중·고등)학교〉 평가도구 마련〉 수행평가 도구 검색서비스〉 '수행평가 과제명' 클릭

① 출제의도 및 관련 정보 제공

  - 출제의도 제공

  - 학교급, 학년(군), 핵심역량, 평가 유형 등의 정보 제공

② 수행평가 도구의 성취기준 정보 제공

  - 해당하는 성취기준 목록 제공(성취기준 클릭하면 성취기준 상세보기 화면으로 넘어감)

③ 수행평가 도구 파일 제공

  - 수행평가 문항 정보표, 교수·학습 및 평가 계획, 수행평가 문항, 채점기준
    등 포함

④ 추천 수행평가 과제 제공

  - 영역(단원), 핵심역량(교과역량), 평가유형이 동일한 수행평가 과제의 추천

목록 제공

- 목록의 수행평가명을 클릭하면 해당 수행평가 상세보기 화면으로 이동

라. 수행평가 채점기준 변경하기

: 초등(중·고등)학교 〉 평가도구 마련 〉 수행평가 도구 검색서비스 〉 '채점기준 변경' 클릭

① 사용여부 선택

- 평가하고자 하는 평가요소를 선택

② 평가요소 내용 수정

- 평가요소의 내용을 자유롭게 수정

③ 배점 입력

- 평가요소별로 배점을 입력하면 총점이 자동 계산

④ 수정완료

- 채점기준 수정 완료 후 '수정완료'를 클릭하면 '마이페이지'로 이동, 수정한 채점기준 목록 및 다운로드가능

4. 마이페이지

① 내가 본 수행평가 과제
  - 수행평가 도구 검색 서비스에서 검색한 수행평가 목록을 제공
② 스크랩 수행평가 과제
  - 검색한 수행평가 목록 중 '스크랩'한 목록을 제공
③ 내 채점기준
  - 변경하여 '수정완료'를 클릭한 채점기준 목록을 제공, 다운로드 및 인쇄하기 제공
④ 내가 쓴 Q&A
  - Q&A 게시판에 문의한 목록 제공

Part 3

나는 학습자중심교육을
잘 하고 있을까?

[점검도구]

코페르니쿠스적 전환

　1500년경, 코페르니쿠스Copernicus는 신 중심의 세계관을 일깨우는 중요한 현상을 던진다. '지동설'. 별과 태양, 즉 하늘이 지구를 중심으로 돈다고 생각했던 기존의 생각이 잘못되었음을 밝히고 태양을 중심으로 돌아간다는 사실을 밝힌 것이다. 이 같은 코페르니쿠스적 전환은 이후에 갈릴레이Galilei와 같은 많은 학자들에게 영향을 미쳤고 결국 지동설이 사실임을 입증하게 되는 하나의 과정이 되었다.

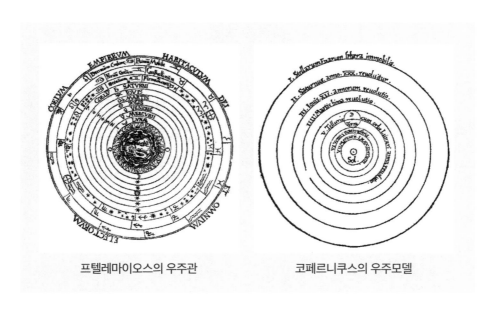

| 프톨레마이오스의 우주관 | 코페르니쿠스의 우주모델 |

　동일하게 교육에도 코페르니쿠스적 전환이 있다. 1800년대 무렵까지 사람들은 아동을 집안의 중요 경제원과, 신앙교육의 대상으로 바라보았다. 하지만 코메니우스, 루소의 자연주의 교육사상, 계몽주의 등의 시대적 흐름과 사상이 맞물려갔고 결국 듀이에 이르러서야 진보주의 교육사상이 꽃을 피웠다. 이는 아동 중심의 교육이

교육에 반드시 필요한 관점임을 인정하게 되는 계기가 되었다.

교사(지구) 중심의 패러다임에서 학습자(태양) 중심의 패러다임. 이는 교육에 있어서 코페르니쿠스적 전환이다. 문제는 이 논의가 이미 100년 전부터 진행돼 왔고 인정돼 왔다는 사실이다. 그럼에도 불구하고 우리 교육은 아직도 교사 중심의 패러다임에 멈춰 있다.

학습자가 중심이 된다는 것은 무엇인가? 태양과 지구를 예로 들어보자. 천동설이었을 경우에는 태양이 지구를 중심으로 뜨고 졌다. 사람들은 태양이 지구를 향해서 돌 때 활동을 하고 다시 태양이 지구에서 사라지면 잠을 잤다. 태양이 지구에서 멀어지면 겨울을 준비했고 다시 가까워지면 여름을 준비했다. 이처럼 태양이 지구의 일상에 미치는 영향이 매우 큼에도 불구하고 사람들은 태양이 지구를 중심으로 돈다고 생각했다. 마찬가지로 내가 중심이 되는 교사 중심의 패러다임에서는, 아이들이 오고 간다. 아이들이 올 때는 수업을 하고, 오지 않거나 없으면 수업을 안 하면 그만이다. 아이들의 출현에 맞춰 삶을 살아간다.

반면에 지동설 패러다임으로는 지구가 자전하고, 태양 주위를 돌기 때문에 낮과 밤이 생김을 설명할 수 있다. 사계절을 설명할 수 있다. 예측이 가능하다. 마찬가지다. 교사가 학생을 중심으로 돈다는 것을 인정하기 시작할 때 우리 수업의 패러다임은 바뀐다. 학생들에게 맞춰 우리의 삶을 조정하고 살아간다. 준비하는 삶을 살아갈 수 있다.

'학생 중심의 패러다임의 전환'. 누군가는 이를 인정하고 받아들이며, 누군가는 교사에 대한 신성모독이라며 아직도 건재한 교사의 권위를 내세운다. 그러나 교사의 권위, 교권은 집단 스스로에게서 생기는 것이 아니라, 학생과 학부모로부터 얻게 되는 것이다. 국가수준 및 외부 차원의 원인은 둘째치더라도 먼저는 학생으로부터의 신뢰가 우선이다. 권위는 내가 영향력을 미칠 수 없을 때 생긴다. 의사와 동일한 의술이 있는 사람에겐 더 이상 의사가 권위적이지 않다. 법조인과 동일한 법률지식과 수준을 갖춘 사람에게는 더 이상 법조인은 권위적이지 않다. 어느 누구나 할 수 있는 것은 권위가 아니다.

그렇다면 어느 누구나 할 수 없는 것, 교사로서 어느 누구나 할 수 없는 것이 무엇인가? 생활지도? 방과후 업무? 공문처리? 보건? 대회지도? 영재지도? 학급꾸미기? 아니다. 조금만 요령이 있으면 할 수 있는 것은 전혀 권위적이지 않다.

'수업-교재-평가'. 이것이 교사의 권위를 높일 수 있는, 누구도 범접할 수 없는 영역이다. 누구도 넘볼 수 없는 수업의 전문가가 되어야 한다. 더구나 수업은 적법한 교원자격증이 있어야 할 수 있는 것이기에 일반인이 할 수 있는 영역이 아니다.

다음으로 교재를 만들 수 있어야 한다. 성취기준으로 수업을 만들고 재구성할 수 있는 능력이 교재를 만들 수 있는 능력이다. 이는 능수능란하게 탈학문적인 통합방식으로 주제중심 수업을 할 수 있어야 함을 말한다. 문제집을 풀 듯이 문제 풀이식의 수업으로는 결코 아이들의 배움이 일어나지 않는다. 마지막으로 아이들을 진정으로 알 수 있는 평가를 해야 한다. 학부모에게 자신 있게 아이의 상태를 알려줄 수 있다면, 어떤 학부모가 교사를 무시하겠는가? 작금의 교권이 무너지는 현상은 단지, 사회의 부정적 시각과 같은 외부적인 원인에만 있는 것이 아니라 현 시대에 맞는 교사의 뼈를 깎는 변화의 부족에도 기인한다.

갈릴레이가 자신이 주장했던 지동설을 번복한 후 법정을 나오며 했던 유명한 말이 있다. '그래도 지구는 돈다.' 그렇다. 태양을 손으로 가렸다고 태양이 사라진 것이 아니듯이, 아무리 사람들이 태양이 돈다고 말해도 여전히 지구는 돌고 있는 것이다. 결국 지구는 태양이 계속 존재하기에 태양을 힘입어 살아간다. 지구가 태양을 중심으로 돌아감에 맞춰 우리가 여름을 준비하고 겨울을 준비하며 살아가듯이, 교실에 아이들이 있음으로 말미암아 교사는 수업을 준비하고 그들의 성장을 돕는다. 학생을 중심으로 교사가 돌아간다고 하여 학생이 주연, 교사가 조연이 되는 것이 아니라, 오늘도 교사는 교사의 삶을 살아가는 주인공인 것이다.

 나는 학습자중심교육을 잘 실천했을까?

교사의 역할 변화

학습자중심교육의 실현에 있어 가장 큰 비중을 차지하는 것이 교사의 역할 부분이다. 다시 말해 학습자중심교육을 실천하기 위해서는 뼈를 깎는 교사의 역할 변화가 요구된다. 맥콤스와 휘슬러McCombs&Whisler(1997)는 학습자중심교육에서 교사의 역할에 대해서 다음과 같이 언급했다.

학습자중심의 교사는
- 학습자의 마음 상태, 학습 속도 및 스타일, 발달 단계, 능력, 재능, 자기 감각, 독창성, 학업 및 비학문적 요구에 대해 독창성을 인정하고 학습자를 배려한다.
- 학습이 건설적인 과정이라는 것을 알고 있으므로 학습자가 자신의 지식을 이미 알고 경험한 것과 연결하도록 도와주는 적극적이고 의미 있는 학습 경험을 제공하려고 해야 한다.
- 시간을 들여 학습자들과 개인적으로 대화하고, 학습자의 정서적 상태를 잘 알아야 하며, 편안하면서도 동기를 부여하는 환경을 조성함으로써 긍정적인 분위기를 조성해야 한다.
- 모든 학습자가 학습을 잘하기를 원한다는 신뢰를 그 밑바탕에 가지고 있다. 그리고 학습자의 결핍을 고치려고 하거나 개선하려고 노력하기보다는 각 학생의 핵심과 관련이 있는 데로 안내하는 것에 본질적으로 관심을 가진다.

머독과 윌슨Murdoch & Wilson(2008)도 학습자중심교육의 실천을 위한 교사의 역할을 학습 공동체 구성 및 조직하기, 관계 형성하기, 학급 분위기 형성 등 주로 학습자중심교육의 심리-정서적 환경 구축에 주로 신경을 쓸 것을 강조했다. 코넬리우스-화이트와 할보Cornelius-White&Harbaugh(2009) 또한 생태학적 맥락에서 학생들의 성공적인 학습을 위해 교사의 관계 형성을 강조했으며 휘태커와 카포시Whitaker & Caposey(2013)는 학생들의 성공적인 학습을 위해 교사가 재치 있고 영리한 감각적인 학습자중심수업 전략이 필요하다고 강조한다. 이 같은 전략들은 이 책의 전반에서 다룬 내용이기도 하다.

이상의 연구자들의 강조점은 조금씩 다르지만 요점은 간단하다. 이제는 '교사나 부모가 어떠한 사람이 되어야 하는가?'가 무엇보다도 중요하다는 사실이다. 과거와 달리 지식의 효과적인 전달 우수한 교사의 표준이 아니며, 학원과 학습지를 자녀에게 꾸준히 제공하는 학부모가 훌륭한 부모가 아니라는 점은 분명하다. '학습자중심교육'의 실천은 무조건 학습자에게만 초점을 맞추고 단지 학습자를 보조하는 역할을 하는 '학생: 주도 및 능동', '교사와 학부모: 소극 및 수동'으로의 변화를 의미하지 않는다.

이는 교수자 ↔ 학습자 자신 ↔ 동료 ↔ 학습자료가 생동감 있게 교류하여 학습자의 실제적 학습이 일어나도록 하는 촉진자로서의 실제적 지식과 기술, 꾸준한 연구 등 전문가적 능력으로의 변화와 노력이 필요하다는 것을 의미한다. 다시 말해 점차 강조되어 가는 학습자중심교육에 대한 요구는 교수자의 성장에 대한 요구와도 같다고 할 수 있다.

다음에 제시하는 측정지와 검사지는 기본적으로 교사를 위한 도구이다. 하지만 코메니우스가 학교의 시작을 부모의 무릎으로 본 것과 같이 학부모 또한 가정에서의 교사이다. 따라서 여기서 제시되는 교사는 부모라는 단어로, 교실은 가정이라는 단어로 바꾸어 해석해도 무방하다고 할 수 있다.

나의 관심은 어디에 있는가?

풀러Fuller(1969)는 예비 교사의 면담을 토대로 관심 이론concerns theory으로 알려진 이론을 개발하였다. 관심 이론을 간단히 정의하면 예비 교사의 교수-학습 과정이 교사의 생존(자신), 수업(과업), 학생(영향)에 대한 관심으로 자연스럽게 변화해 가는 과정이라는 것이다. 풀러의 관심 이론에는 몇 가지 함축된 의미를 시사해준다. 어떤 교사는 새로운 학년이나 과목을 갑자기 가르쳐야 하는 경우에 이전의 관심 단계(학생에 대한 관심에서 수업에 대한 관심)로 이동할 수 있다. 때론 새롭고 낯선 학교로 전출을 간 경우에는 수업에 대한 관심에서 생존에 대한 관심으로 옮겨갈 수 있다. 따라서 교사 관심은 항상 단계적으로 상향되는 것이 아닌 상황 의존적이다. 교사는 한 영역에서 여러 관심을 가질 수 있지만, 다른 단계의 한두 가지에서 강하지 않은 관심을 가질 수 있다. 나는 어떤 것에 관심을 갖고 있을까? 다음의 테스트를 해보자.

관심의 정도를 결정하기 위해서는 교사의 생존(자신), 수업(과업), 학생(영향)의 세 영

관심 측정 검사지(교사용)

※ 교육에 대해 생각할 때 무엇에 관심을 갖는지 아래의 지시 척도를 사용하여 숫자로 나타내세요.

1	2	3	4	5
전혀 관심이 없다	조금 관심이 있다	보통이다	관심이 있다	매우 관심이 있다

1	행정 업무를 처리하는 데 도움을 충분히 받지 못한다.	☐
2	학생들의 존중을 받는다.	☐
3	과도한 업무를 행한다.	☐
4	관찰하는 사람이 있으면 일을 잘 수행한다.	☐
5	학생들이 학습을 중요한 것으로 여길 수 있게 한다.	☐
6	휴식과 수업 준비에 대한 시간이 불충분하다.	☐
7	유능한 교사로부터 적절한 도움을 받지 못한다.	☐
8	시간을 효율적으로 관리한다.	☐
9	동료교사에게 존경을 받지 못한다.	☐
10	시험을 보고 채점하는 시간이 너무 짧다.	☐

11	교육 과정을 엄격하게 실천한다.	☐
12	교사에게 너무 많은 규제가 부과되어 있다.	☐
13	적절한 수업 계획을 준비할 수 있는지 자신의 능력에 대해 걱정한다.	☐
14	동료교사들은 내가 적절한 직업을 갖고 있지 않다고 생각한다.	☐
15	학생들의 성취감이 증가한다고 느낀다.	☐
16	이상적인 수업 절차는 엄격하게 진행하는 것이다.	☐
17	학생의 학습 문제들을 진단한다.	☐
18	학급이 시끄러운 것에 대한 교장의 생각이 궁금하다.	☐
19	학생들 각자가 자신의 잠재력을 발휘하도록 한다.	☐
20	내 교육 방법에 대해 긍정적인 평가를 받는다.	☐
21	학급에 학생 수가 너무 많다.	☐
22	학생들을 사회적, 정서적으로 성숙하게 지도한다.	☐
23	비 동기화된 학생들에게 지적 자극을 제공한다.	☐
24	학생들에게서 존경을 받지 못한다.	☐
25	학교에서 재정적 지원을 많이 받는다.	☐
26	학급의 통제 정도를 적정 수준으로 유지하기 위해 노력한다.	☐
27	계획할 시간이 불충분하다.	☐
28	학생들이 수업에서 적극적으로 행동하도록 한다.	☐
29	진도가 처지는 학생들을 이해한다.	☐
30	학급에서 당혹스러운 사건이 일어나게 되면 내가 책임지게 될 것이다.	☐
31	말썽꾸러기를 다루기 힘들다.	☐
32	내가 적절하지 않은 일을 하고 있다는 사실을 동료가 알까 봐 두렵다.	☐
33	공격적인 학생들을 다루는 능력이 있다.	☐
34	학생의 건강과 영양 문제를 해결할 방법을 안다.	☐
35	학부모와의 관계를 유능하게 유지한다.	☐
36	다양한 양상을 보이는 학생들의 필요를 충족시킨다.	☐
37	학생들이 교과 내용을 확실히 학습할 수 있게 도와주는 대안을 찾는다.	☐
38	학급 학생들의 다양한 배경에 깔려 있는 문화적 차이를 이해한다.	☐
39	서로 다른 학생들의 욕구에 나를 적응시킨다.	☐
40	행정적인 간섭을 많이 받는다.	☐
41	학생들을 지적, 정서적으로 성숙하게 지도한다.	☐
42	날마다 너무 많은 학생들을 가르친다.	☐
43	학생들이 배운 것을 적용하도록 가르친다.	☐
44	다른 교사가 관찰하고 있을 때 효율적으로 가르친다.	☐
45	학생들을 동기화시킨다.	☐

역의 모든 응답 점수를 합산한다. 그리고 한 영역에서 점수가 높으면 교사는 그 관심 단계에 있는 가능성이 크다고 할 수 있다. 각 영역별 항목은 다음과 같다.

생존(자신)	수업(과업)	학생(영향)
2 4 8 9 13 14 18 20 24 26 28 30 32 35 44	1 3 6 7 10 11 12 16 21 25 27 31 33 40 42	5 15 17 19 22 23 29 34 36 37 38 39 41 43 45

교사가 자신이 지닌 주요한 관심 단계를 파악하고 있으면 자신의 전문적인 발전에 도움이 될 수 있다. 학년의 시작, 학기의 시작. 단원의 시작 시에 교사가 지닌 관심 영역을 측정한 후 학년 말, 학기 말, 단원 종료 시에 어떠한 변화가 일어났는지 살펴보면 교사 자신이 얼마나 학습자중심수업을 하고 있었는지 파악할 수 있다. 표는 다음과 같이 기록할 수 있다.

단계	시작	종료	변화
생존(자신)	50	35	−15
수업(과업)	30	40	+10
학생(영향)	20	30	+10

또한 동료장학이나 수업나눔을 할 경우 막연한 수업참관보다는 동료교사에게 위의 관심 측정 도구를 가지고 자신의 교실 모습을 체크해 보게 하는 것도 유용한 방법이다.

나의 학습자중심교육 마인드는 어떠한가?

초등교사의 학습자중심교육 신념을 측정하기 위해 미국 Mid-continent Regional Educational Laboratory에서 교사 신념 척도Teacher Beliefs Survey를 개발한 문항이 있다. 문항은 '학습자, 학습, 수업에 대한 학습자중심교육 신념', '학습자에 대한 비학습자중심교육 신념', '교수-학습에 대한 비학습자중심교육 신념' 의 3개 영역으로 이루어져 있다.

	학습자중심교육 신념 측정지(교사용)				
	질문 내용	항상 그렇다	그렇다	그렇지 않다	항상 그렇지 않다
1	나는 학습의 효과를 극대화하기 위해서 학생들이 편안한 마음으로 자신의 감정과 신념을 표현할 수 있도록 도와 줄 필요가 있다고 생각한다.	4	3	2	1
2	공부를 싫어하는 학생들과 함께 수업하는 것은 불가능하다.	4	3	2	1
3	교사가 아무리 기분이 좋지 않더라도, 학생들이 교사의 감정을 알지 못하도록 해야 한다.	4	3	2	1
4	교사가 학생들과 좋은 관계를 형성하는데 시간을 할애하는 것은 학생의 성취를 위해 가장 중요한 요소이다.	4	3	2	1
5	나는 학생들에게 주의를 주었음에도 자신의 실수를 알아차리지 못하는 학생들이 있다고 생각한다.	4	3	2	1
6	만약에 교사가 학생의 질문에 대하여 적절한 방향을 제공하지 못한다면 학생들은 올바른 답을 얻지 못할 것이다.	4	3	2	1
7	나는 공부에 관심이 없는 학생들이 자연스럽게 학습동기가 유발될 수 있도록 도와 줄 수 있다고 생각한다.	4	3	2	1
8	나는 문제를 가진 학생들을 대할 때 교사로서의 능력 부족과 당혹감을 갖게 된다.	4	3	2	1
9	교과에 대한 지식을 갖추는 것은 효과적인 교사가 되기 위한 가장 중요한 부분이다.	4	3	2	1
10	만약 교사가 학생들의 개인차를 이해하게 된다면 학생들의 학습동기가 더 많이 유발될 것이다.	4	3	2	1
11	어떠한 내용과 방법을 동원하더라도 목표에 도달할 수 없는 학생들이 있다.	4	3	2	1

12	학생들을 가르치는 데 있어서 가장 중요한 것 중의 하나는 그들이 학급 규칙을 따르고 그들에게 기대된 행동을 하도록 하는 것이다.	4	3	2	1
13	내가 가르치는 학생들을 대할 때 권위적인 모습보다는 인간적인 모습이 학습을 더 촉진시킨다.	4	3	2	1
14	능력은 유전적이기 때문에 이것이 학생들의 학업성취도 차이를 가져온다.	4	3	2	1
15	나는 학생들이 무엇을 배우며 어떻게 배울 것인가에 대한 책임이 있다.	4	3	2	1

측정한 결과는 아래의 표를 바탕으로 합산하여 영역별 평균을 낼 수 있다.

순	영역	문항 번호	합산 점수/5
1	학습자, 학습, 수업에 대한 학습자중심교육 신념 문항	1,4,7,10,13	
2	학습자에 대한 비학습자중심교육 신념 문항	2,5,8,11,14	
3	교수-학습에 대한 비학습자중심교육 신념 문항	3,6,9,12,15	

영역별 평균을 바탕으로 다음과 같이 판정할 수 있다.

[판정 방식] 각 영역별 평균을 내시오. (합산 점수/5)

1. 학습자, 학습, 수업에 대한 학습자중심교육 신념 일반적 평균(3.2)
   - 3.2 이상: 학습자중심교육 신념이 높음, 3.2미만: 학습자중심교육 신념이 낮음.

2. 학습자에 대한 비학습자중심교육 신념 일반적 평균(2.3)
   - 2.3 이상: 비학습자중심교육 신념이 높음, 2.3미만: 비학습자중심교육 신념이 낮음.

3. 교수-학습에 대한 비학습자중심교육 신념 일반적 평균(2.4)
   - 2.4 이상: 비학습자중심교육 신념이 높음, 2.4미만: 비학습자중심교육 신념이 낮음.

학생들이 느끼는 나의 학습자중심교육의 수준은 어떠할까?

위에서 제공한 학습자용 셀프테스트는 다음과 같은 누리안Nuryan(2010)이 제시한 학습자가 지각한 교사의 행동 점검 문항을 수정 및 번안하여 제공한 것이다. 점검 문항은 총 35문항은 7개 영역, 각각 5 문항씩 배정되어 있다. 각 영역은 개념 설명 의 명확성, 교사의 열정, 수업에서 학습자의 참여 촉진, 학습자의 선택권 제공, 깨 달음과 이해. 비판적 사고와 독립적인 생각, 교사의 간섭으로 이뤄져 있다.

학생이 느끼는 교사의 학습자중심교육 수준 측정지				
질문 내용	항상 그렇다	그렇다	그렇지 않다	항상 그렇지 않다
1 우리 선생님은 어떤 내용을 설명할 때 예를 들어 설명합니다.	4	3	2	1
2 우리 선생님은 새롭거나 잘 들어보지 않은 낱말들을 잘 설명합니다.	4	3	2	1
3 우리 선생님은 어려운 내용을 여러 번 반복해서 말합니다.	4	3	2	1
4 우리 선생님은 잠깐 말을 멈추거나, 천천히 말하기, 목소리 높이기 등 가장 중요하다고 생각되는 내용들을 강조해서 말합니다.	4	3	2	1
5 우리 선생님은 표, 그림, 그래프를 사용하여 설명을 잘 합니다.	4	3	2	1
6 우리 선생님은 수업할 때 재미있는 행동을 하면서 수업합니다.	4	3	2	1
7 우리 선생님은 수업 시간에 여러 곳을 다니면서 움직이며 수업합니다.	4	3	2	1
8 우리 선생님은 손이나 팔의 제스처를 잘 취합니다.	4	3	2	1
9 우리 선생님은 얼굴에 표정을 통해서 내용을 잘 설명합니다.	4	3	2	1
10 우리 선생님은 말을 하실 때 우리의 눈을 마주치며 말을 합니다.	4	3	2	1
11 우리 선생님은 수업 중에 질문하거나 의견을 말하도록 격려해줍니다.	4	3	2	1
12 우리 선생님은 내가 실수를 했을 때 격려해줍니다.	4	3	2	1
13 우리 선생님은 좋은 생각을 칭찬해줍니다.	4	3	2	1
14 우리 선생님은 친구들의 질문을 존중해줍니다.	4	3	2	1
15 우리 선생님은 수업 전체에 대한 질문을 존중해줍니다.	4	3	2	1
16 우리 선생님은 내가 관심 있어 하는 일을 할 때 그 일을 끝낼 시간을 줍니다.	4	3	2	1
17 우리 선생님은 교실에서 학습하는 방법을 선택할 수 있게 해줍니다.	4	3	2	1
18 우리 선생님은 우리가 더 공부하고 싶은 주제에 대해 잘 물어 봅니다.	4	3	2	1
19 우리 선생님은 우리가 공부하는 방식을 변화시키고 싶은 것이 있는지 잘 물어봅니다.	4	3	2	1

20	우리 선생님은 내가 관심 있는 주제를 공부할 수 있도록 선택권을 줍니다.	4	3	2	1
21	우리 선생님은 공부하는 것과 실제 생활에서 일어나는 것과의 관계에 대해 말해줍니다	4	3	2	1
22	우리 선생님은 내가 관심 있는 것을 배우는 것을 중요하게 생각합니다.	4	3	2	1
23	우리 선생님은 왜 이런 내용을 배우는 것이 중요한지 설명해줍니다.	4	3	2	1
24	우리 선생님은 공부하는 주제를 우리가 어떻게 느끼는지 우리와 이야기 합니다,	4	3	2	1
25	우리 선생님은 수업 시간 외에도 공부한 내용을 물어볼 수도 있다고 말해 줍니다.	4	3	2	1
26	우리 선생님은 내 의견과 생각을 경청합니다.	4	3	2	1
27	우리 선생님은 학생들 간의 불만을 잘 들어줍니다.	4	3	2	1
28	우리 선생님은 솔직한 이야기를 하는 학생들을 존중해 줍니다.	4	3	2	1
29	우리 선생님은 내가 스스로 독립적인 결정할 수 있게 배려해줍니다.	4	3	2	1
30	우리 선생님은 학교에서 잘 받아들여지지 않는 생각까지도 말할 수 있도록 허락해줍니다.	4	3	2	1
31	우리 선생님은 나에게 항상 무엇을 해야 하는지 알려줍니다.	4	3	2	1
32	우리 선생님은 내 방식대로 일하도록 허락하지 않습니다.	4	3	2	1
33	우리 선생님은 내가 흥미를 느끼는 활동을 방해합니다.	4	3	2	1
34	우리 선생님은 나에 대해 모든 것을 엄격하게 제한합니다.	4	3	2	1
35	우리 선생님은 내가 흥미로운 것을 쓰거나 읽을 때 중간에 못하도록 막습니다.	4	3	2	1

측정한 결과는 아래의 표를 바탕으로 합산하여 영역별 평균을 낸다.

순	영역	문항 번호	합산 점수/5
1	개념 설명의 명확성	1~5	
2	교사의 열정	6~10	
3	수업에서 학습자의 참여 촉진	11~15	
4	학습자의 선택권 제공	16~20	
5	깨달음과 이해	21~25	
6	비판적 사고와 독립적인 생각	26~30	
7	교사의 간섭	31~35	

영역별로 5개 문항씩 20점이 만점이다. 한 단원 또는 한 학기가 끝날 때 교사가 용기를 가지고 학습자들에게 피드백을 받아볼 수 있다. 학급 구성원 모두에게 앞서 제공한 교사의 행동 점검 문항을 나눠주고 각 영역별 점수를 합산하고 이를 학급 평균으로 내어 보면, 교사가 학습자중심교육 실천 정도에 대해 솔직한 평가를 받을 수 있다. 각 영역별 점수의 의미는 다음과 같다.

[판정 방식] 각 영역별 점수를 합산하여 학급 평균을 내시오. (영역별 20점 만점)

[학습자중심교육 실천 정도 판정]
1~6번 영역(7번 영역)
 – 학급 평균 18점 이상 (평균 7점 미만)
 : 교사의 실천의지가 매우 강하며 학습자 또한 이를 매우 긍정적으로 느끼고 있음.
 – 학급 평균 15점 이상 ~ 18점 미만 (평균 7점 이상 ~ 10점 미만)
 : 교사의 실천의지가 엿보이며 학습자 또한 긍정적으로 생각하고 있음.
 – 학급 평균 10점 이상 ~ 15점 미만 (평균 10점 이상 ~ 15점 미만)
 : 교사의 실천의지가 있으나 학습자에게 영향력을 크게 미치고 있지 않음.
 – 학급 평균 10점 미만 (평균 15점 이상)
 : 교사의 실천의지가 미흡하거나 실천이 꾸준히 이뤄지지 않았을 경우가 많음.

이 책의 Part 2에서는 좋은 학습자를 만들기 위한 여섯 가지 비법을 제시했다.

비법1. 학습자에 대해 이해하기, 비법2. 능동적 학습을 위한 메타학습능력 기르기, 비법3. 수업 분위기 조성하기, 비법4. 수업 전략 활용하기, 5장. 학습자 중심 교실 만들기, 6장. 학습자 성장 평가하기를 다루었다. 학습자가 느끼는 교사의 학습자중심교육 측정 영역과 이 책에서 다룬 내용을 다음의 표와 같이 연결해볼 수 있다.

영역	관련 내용
개념 설명의 명확성	☞ 비법4. 수업 전략 활용하기
교사의 열정	☞ 비법3. 수업 분위기 조성하기 ☞ 비법6. 학습자 성장 평가하기
수업에서 학습자의 참여 촉진	☞ 비법1. 학습자의 이해 방법 ☞ 비법3. 수업 분위기 조성하기 ☞ 비법5. 학습자 중심 교실 만들기

학습자의 선택권 제공	☞ 비법1. 학습자에 대해 이해하기 ☞ 비법3. 수업 분위기 조성하기 ☞ 비법6. 학습자 성장 평가하기
깨달음과 이해	☞ 비법2. 능동적 학습을 위한 메타학습능력 기르기 ☞ 비법4. 수업 전략 활용하기
비판적 사고와 독립적인 생각	☞ 비법2. 능동적 학습을 위한 메타학습능력 기르기 ☞ 비법4. 수업 전략 활용하기
교사의 간섭	☞ 비법1. 학습자에 대해 이해하기 ☞ 비법5. 학습자 중심 교실 만들기

학생들이 평가한 결과를 바탕으로 교사 자신의 학습자중심교육 수준을 객관적으로 측정해볼 수 있으며 만약 부족한 부분은 해당 장으로 돌아가서 기본 이론과 전략 팁을 활용하여 보충할 수 있다.

우리 교실의 분위기는 어떠할까?

우리 교실의 수업 분위기는 어떠할까? 소어와 소어Soar & Soar 는 부드러움(온화함)과 통제를 서로 상반된 존재로 보지 않고 교실에서 동시에 나타날 수 있는 존재로 파악했다. 따라서 옆의 그래프와 같이 온화함과 통제가 동시에 일어날 수 있고, 온화한 동시에 통제가 낮을 수 있는 다양한 유형을 보여준다(박태호 역, 2014).

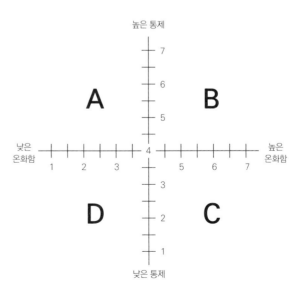

A는 높은 수준의 통제, 낮은 수준의 온화함을 특징으로 한다. 이 유형에 해당하는 교사는 업무적이고 항상 과업 중심이며, 교사가 주도하는 학습자와의 상호 작용이 거의 없는 학습 환경을 나타낸다.

B는 높은 수준의 통제. 높은 수준의 온화함을 특징으로 한다. 이 유형에 해당하는 교사는 바람직한 행동을 보상 기대와 연관시키게 된다. 따라서 결과적으로 교실 분위기는 고도로 통제된 숨 막히는 환경이며 학습자들이 스스로 행동하거나 자율성을 추구하는 경우가 없다고 할 수 있다.

C는 낮은 수준의 통제. 높은 수준의 온화함을 특징으로 한다. 이 유형에 해당하는 교사는 학습자를 칭찬하고, 보상하고, 학습자 행동의 한계를 선택하는 데 완전한 자유를 제공하는 등 교실 행동의 통제가 아닌 안내자와 조절자로서의 역할을 한다.

D는 낮은 수준의 통제, 낮은 수준의 온화함을 특징으로 한다. 이 유형에 해당하는 교사의 교실은 냉담하고 허용적인 교실 분위기를 보여준다. 교사는 학생을 꾸짖고 비판하는데 시간을 보내지만 행동을 통제하기 위한 교실 규칙은 거의 없다고 볼 수 있다.

이상적인 학습자중심교육의 수업 분위기 조성은 C 유형과 같다고 할 수 있다. 그렇다면 우리 교실의 유형은 어디에 속할까? 다음 설문지를 통해 측정해보도록 하자.

학급 통제에 대한 척도								
높다	7	6	5	4	3	2	1	낮다

1	교사가 말하는 빈도: 수업에서 교사가 말하는 비중은 어떠한가?	☐
2	과제 안내 및 설명: 수업에서 과제를 안내하고 설명할 때 교사가 차지하는 비중은 어떠한가?	☐
3	교사의 권위 수준: 교실에서 교사가 유일한 권위자인가? 교사의 권위는 어느 정도인가?	☐
4	학생의 자발성: 학생 자신이 가진 문제나 질문을 학습 과정에 포함하고 있는가?	☐
5	학생의 적극적 행동: 학생이 관심 있는 내용을 독자적으로 공부하는가?	☐
6	학생의 자발적 반응 수준: 수업에 자발적인 의사를 가지고 참여하고 있는가?	☐

학급 분위기 조성에 대한 척도

| 높다 | 7 | 6 | 5 | 4 | 3 | 2 | 1 | 낮다 |

7	칭찬과 보상의 사용: 학생의 행동에 대하여 칭찬이나 보상을 주는가?	☐
8	학생들의 생각 수용: 수업에 학생의 생각을 이용하는가?	☐
9	학생들의 요청에 경청: 학생의 의견 제시에 대해 응답하고 긍정적인 제스쳐를 취하는가?	☐
10	비판과 질책하는 수준: 답이 틀렸다고 비판하거나 질책하는가?	☐
11	규칙과 규정에 따르는 진행: 학생의 말을 끊는 정도는 어떠한가?	☐
12	처벌의 사용: 학생이 잘못하면 전체 학급에 주의를 준다거나 인상을 찌푸리는가?	☐

*4,5,6,10,11,12번은 7점은 1점, 6점은 2점, 5점은 3점, 3점은 5점, 2점은 6점, 1점은 7점으로 계산합니다.

측정지를 다 작성하였으면1~6번의 평균(4, 5, 6번은 역채점)은 가로축에 7~12번의 평균(10, 11, 12번은 역채점)은 세로축에 표시해보고 우리 반의 학급 분위기 유형을 판단해보자.

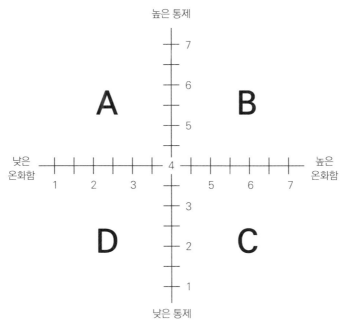

나는 학습자중심교육을 위한 요소를 갖추었는가?

웨이머Weimer(2002)가 학습자중심교육의 실천을 위해 제시한 5가지 요소를 바탕으로 저자가 재구성한 문항이다. 다음 문항을 바탕으로 나는 학습자중심교육을 위한 조건들을 잘 갖추고 있는지 점검해보도록 하자.

요소	질문 내용	예	아니오
교사의 역할 변화	1. 학생이 학습 과제에 더욱 몰두할 수 있도록 하였는가?		
	2. 학생들이 많은 발견을 할 수 있도록 교사는 최대한 말을 적게 하였는가?		
	3. 학생의 참여와 동기를 자극하는 주의 깊은 수업설계를 하는가?		
	4. 학생 상호 간에 배우도록 격려하는 긍정적인 분위기를 조성하였는가?		
교사와 학생의 힘의 균형	5. 학생들에게 제한된 힘을 부여하고 활동 설계에 참여시켰는가?		
	6. 학생들에게 학습과정과 학습량에 대한 선택을 할 수 있게 하였는가?		
	7. 학생들에게 수업 참여 방법을 설정하게 하였나?		
학습 내용의 기능 변화	8. 학습할 수 있는 방법(학습 기술) 개발을 장려하였는가?		
	9. 동료가 학습하는 방법에 대해 배우도록 장려하도록 환경을 구성하였는가?		
학습에 대한 학생의 책임	10. 학습을 위한 학생의 책임을 강조하는 학급 풍토(인격화, 적극적 참여, 화합, 만족, 활동지향, 혁신적 기술 및 과제, 개별화)를 조성하였는가?		
	11. 학급 풍토 문제에 대해 학생들이 적극적으로 개입하도록 하였는가?		
평가의 목적과 과정	12. 학습을 장려하기 위해 평가의 힘(긍정적인 관점에서)을 이용하였는가?		
	13. 평가에 대한 스트레스를 낮추려 노력하였는가?		
평가의 목적과 과정	14. 평가결과를 학습에 대한 접근으로만 활용하였는가?		
	15. 발달적 피드백에 초점을 맞추었는가?		
	16. 자기-동료평가 기술을 촉진하기 위한 평가를 활용하였는가?		

나는 학습자중심 단원(주제) 설계를 하였는가?

학습자중심교육의 실천을 위해서는 교사가 교과나 단원, 주제를 재구성하거나 새로이 설계하는 활동이 필수적이다. 이때 교사는 교사가 익숙한 활동을 바탕으로 재구성하게 되는 경우가 많은데, 이렇게 재구성한 단원이 어느 정도 학습자중심 설계가 되었는지 점검해볼 필요가 있다. 컬린Cullen(2012)과 그의 동료들은 7개의 개념적 설계 요소를 바탕으로 단원 점검 매트릭스를 개발하였다. 이 도구를 토대로 교사는 자신이 개발한 단원 또는 주제가 얼마나 학습자중심 설계가 되었는지 검토할 수 있다.

요소	질문 내용	그렇지 않다	보통 이다	그렇다
순환	주요 개념을 점검할 수 있는 비선형적인(순환적인) 요소를 제공하고 있는가?			
정밀	교과의 내용을 그대로 다루지 않고 주요 문제 중심으로 통합적 학습 기회를 제공하고 있는가?(통합적 학습 전략, 탐구 기능, 의사소통, 비판적 사고, 문제해결 등등)			
풍성함	깊이 있는 학습 전략(활동 수행, 프로젝트, 포트폴리오, 비판적 사고, 자기 평가, 반성, 실제적 응용)을 통합적으로 다루고 있는가?			
관계 형성	여러 배경 지식 간 전이가 가능하도록 하여 학습의 극대화를 도모하고 있는가?			
공동체 세우기	콜라보레이션(협업), 팀빌딩, 능동적 학습 기회를 제공하여 협력과 협동을 지원하고 격려하는가?			
권한 공유	교사와 학생이 권한을 공유하여 학생들의 의견과 선택을 수업 계획에 반영하여 학생들의 역량을 발휘할 수 있는 기회를 제공하고 있는가?			
평가	전반적인 교육과정을 평가하고, 학생들이 여러 상황에 지식을 적용하는 능력을 평가하고, 평가 자체를 수업의 한 구성 요소로 강조하고 있는가?			

이상의 평가를 바탕으로 먼저 교사 스스로가 자신의 학습자중심교육관 및 실천 의

지를 명확히 할 필요가 있으며 학습자에게 피드백받는 것을 교사 개인의 전문성 신장의 밑거름으로 생각해야 한다. 파머Palmer(1998)의 유명한 저서, 『가르칠 수 있는 용기』에는 다음과 같은 내용이 나온다.

> 유전학의 대가 메클린 톡의 전기를 쓰기 위하여 켈러가 매클린 톡을 만나서 다음과 같은 질문을 했다. "어떻게 하여 동료 학자들보다 유전학의 신비를 더 깊게 볼 수 있었는가?" 매클린 톡의 대답은 간단했다. "자세히 들여다 볼 시간을 가져야 하고, '그 물질이 건네는 말'을 이해하려는 인내심이 있어야 하고, '그것이 스스로 당신에게 다가오도록'하는 개방성을 가져야 합니다. 무엇보다 더 '유기체에 대한 느낌'을 갖고 있어야 합니다."
> 자세히 들여다 볼 시간, 이해하려는 인내심, 그것이 스스로 당신에게 다가오도록 하는 개방성, 무엇보다 더 살아있다는 것에 대한 느낌, 시간도, 인내심도, 열린 자세와 태도도. 존중하는 마음도. 우리가 가져야 할 그릇들이다.

그렇다. 시대적 흐름은 학습자중심교육관을 가진 교사가 전문성을 가진 교사라고 생각하는 추세이다. 이때 전문적인 교사는 자신을 자세히 들여다 볼 수 있는 시간, 이해하려는 인내심, 열린 자세와 존중한 태도와 마음을 가진 교사이다. 이를 위해서 교사는 꾸준히 배우고 노력해야 한다. 이젠 전통적 교수관을 지닌 교사가 전문성을 인정받는 시대가 아니기 때문이다.

마지막으로 파머의 『가르칠 수 있는 용기』를 한 번 더 인용하며 이 장을 정리하고자 한다.

> 나는 한 학생이 훌륭한 교사에 대해서 일률적으로 얘기할 수는 없다고 말하는 것을 들었다. 왜냐하면 훌륭한 교사라고 해도 그 스타일은 천차만별이라는 것이다. 하지만 그녀는 나쁜 교사는 일률적으로 말할 수 있다고 했다. 그들 모두에게는 비슷한 나쁜 점이 있다는 것이었다.
> "나쁜 선생님의 말은 그들의 얼굴 앞에서 둥둥 떠다녀요.
> 마치 만화에 나오는 대화같이 말이에요."
> 훌륭한 가르침은 하나의 테크닉으로 격하되지 않는다.
> 훌륭한 가르침은 교사의 정체성과 성실성에서 나온다.

★ 워크시트 한눈에 보기

제목	워크시트 번호	활동 이름	페이지
1. 아이들에 대한 새로운 시선	Work sheet 블로그	자기소개 설문지	📁
	Work Sheet 1-1	학습 및 발달 상황 설문지	63~64쪽
	Work Sheet 1-2	강화 관련 선호도 설문지	65~66쪽
	Work Sheet 1-3	학습양식 설문지-Tomlinson	67쪽
	Work Sheet 1-4	선생님께 보내는 편지(학부모용)	68쪽
	Work Sheet 1-5	선생님께 보내는 편지(학생용)	69쪽
	Work Sheet 1-6	목표 달성하기	70쪽
	Work Sheet 1-7	학습양식 설문지-Reichmann & Grasha	71쪽
	Work Sheet 1-8	학습양식 설문지-Connell	72~73쪽
	Work Sheet 1-9	뇌유형 검사지-Crane	74~75쪽
	Work Sheet 1-10	뇌유형 검사지-Connell	76쪽
2. 나를 알아가는 공부 방법이 필요해!	Work Sheet 블로그	주간 생활계획 세우기	📁
	Work Sheet 블로그	코넬노트 작성양식	📁
	Work Sheet 블로그	백지복습 양식	📁
	Work Sheet 블로그	바라보고, 들여다보고, 기대하기!	📁
	Work Sheet 블로그	무엇을 배웠나?	📁
	Work Sheet 2-1	거미줄 지도	📁
	Work Sheet 2-2	개념 지도	📁
	Work Sheet 2-3	개념 바퀴	📁
	Work Sheet 2-4	순환 고리	📁
	Work Sheet 2-5	흐름도 1	📁
	Work Sheet 2-6	흐름도 2	📁

★ 워크시트 활용

※책에 제시된 것을 포함하여 더 많은 워크시트는 아래 안내된 사이트에 한글파일 형태로 제시되어 있습니다. 학교나 가정에서 사용하시기 바랍니다.

접속방법
희진쌤의 지식창고 – https://heejinssam.blog.me
메뉴_학습자중심교육 진짜공부를하다_워크시트 한눈에 보기

참고 문헌

Part 1

박희진, 신건철, 최선경, 오우진, 정동완 (2019). 디지털 노마드 세대를 위한 미래교육 미래학교. 고양: 미디어 숲.

Brophy, J. (1999). Teaching, educational practices series. Monograph No. 1. International Bureau of Education.

Dewey, J. (1916). Democracy and Education. The middle works (vol. 9.). Carbondale and Edwardswille: Southern Illinois Univ. Pres.

Dewey, J. (1933). How we think. Boston: Heath.

Doyle, W. (1986). Classroom Organization and Management. In M. Wittrock (Ed.). Handbook of Research on Teaching (3rd ed.) (392-431). New York: MacMillan.

Porter, A. C., & Brophy, J. E. (1988). Good teaching: Insights from the work of the Institute for Research on Teaching. Educational Leadership, 45(8), 75-84.

Postman, N., & Weingartner, C. (1971). Teaching as a subversive Activity. London: Penguin.

Tomlinson, C. A. (2005). How to differentiate instruction in mixed-ability classrooms (2nd ed.). Upper Saddle River, NJ: Pearson Education, Inc.

Weimer, M. (2013). Learner-centered teaching: Five key changes to practice, New York: Jossey-Bass.

Zemelman, S., Daiels, H., & Hyde, A. (1998). Best practice: New standard for teaching and learning in America's school (2nd ed). Portsmouth, NH: Heinemann.

Part 2
비법1

백운갑 (2004). 초등학생의 학습양식에 따른 학업성취도, 교수학습방법 선호도 차이 분석. 계명 대학교 교육대학원 석사학위논문.

Burke, P. (2000). Social history of knowledge: From Gutenberg to Diderot. Mass: Polity

Press. 박광식 역 (2017). 지식의 사회사: 구텐베르크에서 디드로까지. 서울: 민음사.

Connell, J. D. (2005). Brain-based strategies to reach every learner. NY: Scholastic Teaching Resources.

Crane, L. (1989). Alert scale of cognitive style. Kalamazoo, MI: Department of Communication, Western Michigan University.

Kolb, D. A. (1999). Experiential learning: Experience as a source of learning and development. Englewood Cliffs, NJ: Prentice Hall.

McCombs, B. L., & Miller, L. (2007). Learner-centered classroom practices and assessments: Maximizing student motivation, learning, and achievement. Thousand Oaks, CA: Corwin Press.

Reichmann, S. W., & Grasha, A. F. (1974). A rational approch to developing and assessing the construct validity of a student learning style scales instrument. The Journal of Psychology, 87, 213-223.

Saint-Exupéry. (1943). (Le) petit prince N. Y: Harcourt Urace & World. 베스트트랜스 역 (2012). 어린왕자. 서울 : 더클래식.

Stellern, J., Vasa, S. F., & Little, J. (1976). Introduction to diagnostic-prescriptive teaching and programming. Glen Ridge, NJ: Exceptional Press.

Tomlinson, C. A (2005). How to differentiate instruction in mixed-ability classrooms (2nd ed.). Upper Saddle River, NJ: Pearson Education, Inc.

비법2
강충열, 정광순 (2019). 배움중심수업. 서울: 학지사.

Brown, A. (1987). Metacognition, Executive Control, Self-Regulation, and Other more Mysterious Mechanism. NJ: Lawrence Erlbaum Associates, 65-116.

Murdoch, K., & Wilson, J. (2008). Creating a Learner-centered Primary Classroom: Learner-centered strategic teaching. NY: Routledge.

비법3
김옥희, 최인숙 (2005). 교사리더십 프로그램. 고양: 한국학술정보.

정광희, 김갑성, 김병찬, 김태은 (2008). 한국 교사의 리더십 특성 연구. 서울: 한국교육개발원.

진동섭, 이윤식, 김재웅 (2014). 교육행정 및 학교경영의 이해. 파주: 교육과학사.

천석우 (2009). 교사 리더십에 따른 학생의 학교생활 적응과 학업성취도에 관한 연구. 건양대학교 대학원 박사학위논문.

Miller, B. (2003). Quick Team-Building Activities for Busy Managers: 50 Exercises That Get Results in Just 15 Minutes. 김현진 역 (2013). 팀빌딩 액티비티: 최고의 팀워크 강화 프로그램. 파주: 느낌있는책.

Singh, M. P. (2008). You can't punch with a thumb : simple ways to effective team building. 최소영 역 (2008). 최강의 팀 빌딩. 서울: 새로운제안.

비법4

강충열, 정광순 (2019). 배움중심 수업. 서울: 학지사.

전병규 (2016). 질문이 살아나는 학습대화. 파주: 교육과학사.

Borich, G. D. (2011). Effective teaching methods. Upper Saddle River, NJ: Prentice Hall, Inc.

Connell, D. J. (2005). Brain-based strategies to reach every learner. NY: Scholastic Inc.

Danielson, C., Axtell, D., McKay, C., & Cleland, B. (2009). Implementing the framework for teaching in enhancing professional practice. ASCD. 박태호 역 (2014). (아하! 학생 배움중심의) 수업 코칭 전략. 서울: 아카데미프레스.

비법5

김윤영 (2014). 초등학교 교실 공간의 의미 탐색 : 매트를 중심으로. 한국교원대학교 대학원 석사학위 논문.

김현섭 (2015). 질문이 살아있는 수업. 서울: 한국협동학습센터.

조진일 (2018). 주요국의 학교 공간 조성 사례와 한국교육에 주는 시사점. 진천: 한국교육개발원 교육정책네트워크 연구센터.

한국교육개발원 (2017). EDUMAC 교육시설 해외연수 자료집. 수원: 디자인펌킨.

Sheninger, E. C., & Murray, T. C. (2017). Learning Transformed: 8 Keys to designing Tomorrow's Schools, Today. Alexandria: ASCD.

비법6

이형빈 (2015). 교육과정-수업-평가 어떻게 혁신할 것인가. 서울: 맘에드림.

손충기 (2013). 교육과정과 교육평가. 서울: 태영출판사.

학생평가지원포털. 학생평가지원포털 이용자가이드. https://stassess.kice.re.kr/frt/ boardView.do?strCurMenuId=222&nTbBoardArticleSeq=403931에서 2019.01.07. 인출.

한국교육과정평가원 (2016). 수업과 연계한 수행평가 어떻게 할까요?. 연구자료 ORM 2016-9.

Part 3

Borich, G. D. (2010). Observation skills for effective teaching, Pearson/Allyn and Bacon Publishers. 설양환 외 공역 (2012). 효과적인 수업 관찰. 파주: 아카데미프레스.

Cornelius-White, J. H., & Harbaugh, A. P. (2009). Learner-centered instruction: Building relationships for student success. New York: Sage Publications.

Cullen, R., Harris, M., & Hill, R. R. (2012). Learner-centered curriculum: Design and implementation. San Francisco, CA: Jossey-Bass.

Danielson, C., Axtell, D., McKay, C., & Cleland, B. (2009). Implementing the framework for teaching in enhancing professional practice. ASCD. 박태호 역 (2014). (아하! 학생 배움중심의) 수업 코칭 전략. 서울: 아카데미프레스.

McCombs, B. L., & Whisler, J. S. (1997). The learner-centered classroom and school: Strategies for increasing student motivation and achievement. San Francisco: Jossey-Bass.

Murdoch, K., & Wilson, J. (2008). Creating a Learner-centred Primary Classroom: Learner-centered Strategic Teaching. London: David Fulton.

Nuryan, L. (2010). Transitioning from Teacher-centered to Learner-centered Approach: Teacher Behavior (Doctoral dissertation, American University of Armenia).

Palmer, P. J. (1998). The courage to teach : exploring the inner landscape of a teacher's life. San Francisco, Calif. : Jossey-Bass. 이종인 외 공역 (2011). 가르칠 수 있는 용기. 서울: 한문화.

Weimer, M. (2002). Learner-centered teaching: Five key changes to practice. San Francisco: John Wiley & Sons.

Whitaker, T., & Caposey, P. (2013). Teach smart: 11 learner-centered strategies that ensure student success. New York: Routledge.

학습자를 비유하자면 빙산이라는 표현이 적절할 것 같다.
일반적으로 빙산의 8분의 1은 수면 위로 올라와 있지만, 나머지는 물에 잠겨 있기 때문이다.
마찬가지로 교사의 눈에 보이는 모습이 학습자의 전부가 아니다.
'빙산의 일각'이라는 말을 차용하자면 이는 '학습자의 일각'일 뿐이다.

'진정한 발견이란 새로운 땅을 찾는 것이 아니라 새로운 눈을 갖는 것이다.'
마르셀 프루스트Marcel Proust의 말이다.
교실을 새롭게 만들고 싶다면 우리에게 필요한 것은
교실이라는 공간에 대한 새로운 철학과 안목, 즉 교실을 보는 새로운 눈을 갖는 것이다.

교사 중심의 패러다임에서 학습자 중심의 패러다임.
이는 교육에 있어서 코페르니쿠스적 전환이다.
문제는 이 논의가 이미 100년 전부터 진행돼 왔고 인정돼 왔다는 사실이다.
그럼에도 불구하고 우리 교육은 아직도 교사 중심의 패러다임에 멈춰 있다.